Homens, amor e sexo

DAVID ZINCZENKO
e Ted Spiker

Homens, amor e sexo

Um guia completo
para ajudar você a se
relacionar de um modo
mais saudável e feliz

SEXTANTE

Título original: *Men, Love & Sex*

tradução
Gabriela Fróes

preparo de originais
Valéria Inez Prest

revisão
Ana Grillo, Sônia Peçanha e Tereza da Rocha

adaptação de projeto gráfico e diagramação
DTPhoenix Editorial

capa
Miriam Lerner

pré-impressão
ô de casa

impressão e acabamento
Cromosete Gráfica e Editora Ltda.

CIP-BRASIL. CATALOGAÇÃO-NA-FONTE
SINDICATO NACIONAL DOS EDITORES DE LIVROS, RJ

Z67h Zinczenko, David
Homens, amor e sexo / David Zinczenko e Ted Spiker [tradução de Gabriela Fróes]. – Rio de Janeiro: Sextante, 2008.

Tradução de: Men, love & sex
ISBN 978-85-7542-407-0

1. Homens – Psicologia. 2. Relações homem-mulher. 3. Homens – Comportamento sexual. I. Título.

CDD: 306.7
08-2147 CDU: 392.6

GMT Editores Ltda.
Rua Voluntários da Pátria, 45 – Gr. 1.404 – Botafogo
22270-000 – Rio de Janeiro – RJ
Tel.: (21) 2286-9944 – Fax: (21) 2286-9244
E-mail: atendimento@esextante.com.br
www.sextante.com.br

Este livro é dedicado aos milhares de homens que dividiram conosco seus pensamentos, sentimentos e desejos mais íntimos. Obrigado a eles e a todas as mulheres que talvez venham a amá-los ainda mais por causa disso.

| SUMÁRIO |

| INTRODUÇÃO |

Afinal, por que os homens são desse jeito?

É PROVÁVEL QUE, COMO MULHER, você já tenha perdido um grande número de noites falando ao telefone, inclinada sobre uma xícara de café ou virando mais um chope com suas amigas enquanto se perguntava exatamente isto: afinal, por que os homens são desse jeito?

E é quase certo que suas amigas tenham balançado a cabeça em sinal de solidariedade por compreenderem como ninguém o que você estava sentindo: os homens são como jogos de adivinhação extremamente confusos e complicados, enigmas dentro de enigmas, cobertos com cerveja e estatísticas sobre esportes.

Por que eles não se abrem? Por que de vez em quando você sente que fazer com que um homem fale sobre seus sentimentos requer uma combinação de hipnose, poderes mediúnicos e uma daquelas ferramentas que os bombeiros usam para retirar pessoas de dentro dos veículos em acidentes?

Admito que há certa verdade nesse estereótipo – algumas vezes temos mais facilidade de abrir nosso coração para um entregador de pizza do que para vocês, mulheres. E não resta dúvida de que podemos responder a seus gestos de aconchego após o sexo com belos roncos. Mas a verdade é que nossos objetivos e desejos estão muito mais afinados com os seus do que vocês imaginam. Lá no fundo, o que mais desejamos é satisfazê-las.

Em outras palavras, tudo isso deveria ser como um passeio no parque. Mas, de alguma forma, transformamos o parque num campo minado.

É fácil se deixar levar pelos eternos argumentos "eles versus elas" que tratam das diferenças entre os sexos – o que queremos um do outro, o que esperamos do amor e o que almejamos dos relacionamentos. Mas o problema não é o que queremos, e sim *como comunicamos* aquilo que desejamos e o fato de que homens e mulheres têm maneiras completamente distintas de fazer isso. O único modo de quebrar nossos códigos é investigar a fundo a psique de ambos os sexos – e é isso o que este livro proporciona de uma forma única e esclarecedora. A verdade é que os homens compartilham seus sentimentos – seus medos e desejos e até seus mais bem guardados segredos. Eles dividiram esses sentimentos comigo. Agora vou partilhá-los com você.

Uma abordagem inovadora no entendimento dos homens

Na pesquisa de opinião "Homens, Amor & Sexo", conduzida com exclusividade para nós pela empresa Harris Interactive, contactamos mais de 5 mil homens e mulheres, fazendo a eles algumas perguntas profundamente íntimas – e ouvindo respostas de uma franqueza cristalina. Esse levantamento revelou que homens e mulheres possuem de fato desejos similares: todos nós queremos o amor verdadeiro, uma boa vida sexual (que inclui tanto as rapidinhas quanto as longas – e tudo o mais entre esses extremos), além de relacionamentos que durem mais do que o feriado do carnaval. O que nos diferencia – e, portanto, o que torna tão difícil para nós encontrar a felicidade juntos – é a maneira como nos comunicamos. Somos péssimos nisso. Em meio a sinais de fumaça, do silêncio e do uso do código Morse específico de cada sexo, é um verdadeiro milagre conseguirmos decifrar o que está acontecendo, quanto mais ficarmos juntos.

Todos nós, homens e mulheres, passamos um tempo incrível pensando em nossos relacionamentos. Sessenta por cento dos homens ficam pelo menos uma hora por dia refletindo sobre suas relações sentimentais, concretas ou potenciais (e você acreditava que estávamos simplesmente sonhando acordados com o futebol), enquanto 40% das mulheres passam *mais de duas horas por dia* com a mente focada nesse assunto. (Somando o tempo das mulheres e o nosso, despendemos um total de 1.095 horas por ano matutando sobre nossa vida amorosa. Imagine se dedicássemos esse mesmo tempo a, sei lá, tentar descobrir alternativas para os combustíveis fósseis.) Mas, apesar de todo esse empenho, dois terços das pessoas dizem enfrentar problemas no relacionamento a cada duas semanas.

Então, a que se deve essa falha? Em parte, ao fato de que, tanto vocês quanto nós, somos muito rápidos em nos deixar levar por estereótipos, que, por sua vez, são reforçados por nossos amigos do mesmo sexo. Considere isto: quando as mulheres têm um problema em seu relacionamento, 82% delas – 82! – falam sobre o assunto com outra mulher. Do meu ponto de vista, pedir a uma mulher que explique os sentimentos de um homem é o mesmo que pedir a um esquimó que nos dê dicas sobre turismo nos trópicos. Todos nós estaríamos numa situação muito melhor se procurássemos pelas respostas um pouco mais perto da fonte.

Felizmente, você escolheu o caminho certo: este livro.

Os homens falam sobre o que passa pela sua cabeça e por seu coração

Nessa pesquisa os homens abriram o verbo. E como. Falaram sobre amor, insegurança, noitadas, o que desejam das mulheres na cama, suas principais queixas quanto aos relacionamentos e o que suas companheiras podem fazer e dizer para torná-los mais felizes. Fizeram confissões sobre as pequenas coisas que destroem as relações amorosas, revelaram aquilo que os apavora e os deixa nervosos e – especialmente – contaram a verdade sobre por que eles amam as mulheres e as tratam com carinho.

Tenho dois objetivos com este livro. Levando em conta que mais de 75% das mulheres ouvidas pela pesquisa se disseram incapazes de decifrar os homens, minha primeira meta é fazer com que você entre na mente masculina para que possa traduzir melhor nosso vocabulário verbal e não-verbal. E isso fornece a base para o meu segundo propósito: apresentá-la às percepções e às ações que fortalecerão e aprofundarão seus relacionamentos.

Há mais de 12 anos trabalho numa das principais revistas masculinas do mundo, a *Men's Health (MH)*. Na redação, lidamos com problemas de relacionamentos todos os meses, ouvimos homens sobre seus segredos e desejos e estamos sempre pesquisando os estudos mais recentes sobre sexo, amor e relacionamentos. Como editor-chefe, minha função é fornecer aos leitores o que eles desejam e, para fazer isso, preciso compreender o que eles querem – não apenas em termos de exercícios abdominais e receitas de vitaminas, mas também no que se refere a mulheres e relações amorosas. De certa forma, sou um estudioso profissional do coração e da mente dos homens.

Ainda assim, sei que, embora eu tenha passado anos estudando os espécimes masculinos, não estou apto a explicá-los tão bem quanto eles mesmos. É por essa razão que neste livro lhe dou acesso sem precedentes às verdadeiras autoridades quando se trata de homens, amor, sexo e relacionamentos: os próprios homens – os milhares que participaram da nossa pesquisa exclusiva, assim como centenas de outros que responderam às nossas perguntas por meio de entrevistas pessoais e do site da *Men's Health*. Como você verá, eles foram honestos, precisos e objetivos sobre o que querem – e corajosos o suficiente para falar sobre seus medos e vulnerabilidades de um modo que jamais acontece num típico relacionamento de casal.

Mas este livro faz mais do que dissecar e inspecionar neurônios masculinos. Ele também serve como um guia que ajudará você a navegar pelo nem sempre tão óbvio universo de decisões, ações e pensamentos masculinos. E isso lhe dará o conhecimento e o poder para melhorar seus relacionamentos, tornando-os mais fortes, mais sensuais e mais satisfatórios.

Os homens são capazes de blefar muito bem para esconder os próprios sentimentos. Mas aqui fizemos com que eles mostrassem as cartas. A seguir, exemplos do que você verá:

Os homens confessam a verdade sobre si mesmos:

Somos sensíveis.

"Os homens são como ovos. Dependendo da pressão, agüentamos o estresse que vocês colocam sobre nós. No entanto, somos sensíveis e vulneráveis por dentro. Em geral, somos tão inseguros que não conseguimos conversar com outros homens do modo como as mulheres fazem entre si. É por esse motivo que internalizamos tanto as coisas."

– Michael, 30 anos

Somos muito mais simples do que vocês imaginam.

"As mulheres se expressam de maneiras sutis que deixam margem a muitas interpretações, e é difícil saber se uma interpretação está mais correta do que outra. Os homens se comunicam como um livro de matemática do ensino fundamental. Quando um cara diz 1 + 1, ele quer dizer 2, e não 5, 8 nem 'Eu não amo mais você'."

– Ryan, 31 anos

Os homens fazem confissões sobre o amor:

Somos mais sentimentais do que vocês pensam.

"A maioria de nós quer se apaixonar. Isto é, desejamos estabelecer uma ligação emocional com uma mulher que seja nossa amiga e nossa amante e que nos apóie. Queremos dar amor e nos entregar emocionalmente, fisicamente e espiritualmente da melhor maneira possível."

– Jeffrey, 28 anos

Nós amamos profundamente, mas talvez demonstremos isso de um modo que vocês não conseguem ver.

"Amar não é apenas ser carinhoso e fazer um monte de delicadezas. As mulheres precisam compreender que, muitas vezes, expressamos amor por meio daquilo que sacrificamos por elas – como o tempo que poderíamos dedicar aos amigos ou ao trabalho. A maioria dos homens gosta de estar no controle, e lutas pelo poder são parte importante do nosso dia-a-dia. Portanto, quando cedemos o poder de forma voluntária – optando por fazer aquilo que nossa companheira quer –, damos uma significativa demonstração de amor. Os homens não são naturalmente tão generosos, a menos que gostem para valer de uma mulher."

– Bryan, 36 anos

Queremos dar apoio quando as coisas não estão bem.

"A mais forte e garantida expressão de amor é aquela que surge quando tudo dá errado e nos esforçamos ao máximo para ignorar nossos medos e nossas preocupações e tentamos ajudar a parceira da melhor forma possível em vez de entrarmos em desespero e piorarmos ainda mais a situação. As pessoas suportam muita coisa quando sabem que podem contar com alguém dessa forma. Essa é a base de um bom relacionamento."

– Jon, 29 anos

Nós nos apaixonamos com muito mais facilidade do que vocês imaginam.

"Levamos mais tempo para dizer as palavras 'Eu te amo', mas nos apaixonamos primeiro."

– Simon, 28 anos

Os homens fazem confissões sobre sexo:

Gostamos das preliminares tanto quanto vocês.
"A maioria dos homens anseia desesperadamente por afeto – isso inclui abraços calorosos, preliminares, carícias e toques suaves. É muito importante para a auto-estima dele que a parceira fale sobre seus sentimentos e também que os demonstre por meio de bilhetes, cartões e gestos que dêem início à relação sexual."

– Adam, 35 anos

Mais do que qualquer outra coisa, esperamos manifestações de entusiasmo.
"Mostre que você o deseja para valer, que mal pode esperar. Não há nada mais excitante do que isso."

– Joel, 40 anos

Podemos ser controlados pelo sexo.
"As mulheres não fazem idéia de quanto o desejo sexual masculino é poderoso e avassalador. Elas não entendem que ele pode nos consumir fisicamente, emocionalmente e mentalmente. As mulheres só vêem o prazer que temos ou queremos. Porém, esse instinto é mais forte do que nossa mente e já fez com que todos os homens que eu conheço agissem como idiotas em alguns momentos."

– Len, 37 anos

Estamos sempre avaliando o que está acontecendo com vocês.
"A coisa mais maravilhosa para um homem é sentir a mulher chegar ao clímax."

– Jeff, 30 anos

Certo, então os homens são simples, vulneráveis e precisam de amor. Grande coisa – filhotes também são assim. O que mais eu tenho para oferecer a você?

Muito. Como parte da nossa pesquisa, pedimos às mulheres que nos dissessem quais são suas perguntas mais importantes sobre o comportamento masculino para que possam entender melhor o que os homens estão pensando, sentindo e querendo. Apresentarei muitas dessas questões aqui, acompanhadas de respostas provenientes da mente e do coração dos próprios homens. Nas páginas a seguir, você aprenderá mais sobre como nós pensamos, que idéia fazemos de vocês e como a maioria de nós está longe dos estereótipos masculinos mais comuns. Conhecendo os segredos da mente masculina, você será capaz de preencher as lacunas na comunicação que separam os homens das mulheres. E conseguirá fortalecer sua relação atual – ou usar seus novos conhecimentos para encontrar o par ideal. No fim das contas, tudo vai melhorar: as conversas, o sexo, as brigas, o entendimento, o amor, o relacionamento e a vida. E não apenas para você, mas para ele também.

Acima de tudo, o que ficará claro ao longo destas páginas é o seguinte:

Gostamos de vocês.

Queremos vocês.

Desejamos que dê certo com vocês.

E, de verdade, tudo o que queremos em troca é que vocês pensem assim também.

| CAPÍTULO 1 |

O que faz um homem se apaixonar?

POR QUE NÃO CONSEGUIMOS DEIXAR O AMOR ENTRAR ATÉ QUE A MULHER NOS MOSTRE O CAMINHO – E AS PALAVRAS SIMPLES QUE PODEM DESPERTAR NOSSOS SENTIMENTOS MAIS PROFUNDOS.

Perguntamos aos homens:

Você acredita ter encontrado sua alma gêmea?

Sim, estou com ela atualmente 53%

Sim, mas não estamos mais juntos 14%

Sim, mas nunca ficamos juntos 9%

Não 24%

PENSE NUM RELACIONAMENTO MARAVILHOSO como se ele fosse uma refeição divina: um delicioso e suculento filé de paixão sexual, acompanhado por um fino e delicado vinho de romance e compromisso. Os dois querem tudo – o prato principal perfeito e saboroso. E precisam dos dois componentes – o filé desacompanhado é seco e não satisfaz; o vinho sozinho embriaga, mas não mata a fome. Vou levar essa analogia um pouco mais à frente: os homens estão mais focados no filé do relacionamento, enquanto as mulheres se interessam um pouco mais pelo vinho. Ambos querem sair da mesa satisfeitos. Quer provas disso? Mais de três quartos dos homens acreditam em almas gêmeas (veja os resultados acima). Quando pedimos aos entrevistados que escolhessem entre encontrar o amor da vida deles e ter relações sexuais incríveis durante seis meses, 92% deles responderam que preferiam se apaixonar. Leia o depoimento de três homens sobre essa experiência:

- **"Precisamos sentir amor, lealdade e, acima de tudo, química"**, diz Ian, 31 anos.
- **"Os homens sentem um frio na barriga e ficam abobalhados quando se apaixonam, assim como as mulheres"**, diz Robert, 26 anos.
- **"As mulheres não compreendem que os homens se apaixonam muito antes de desejarem admitir isso para quem quer que seja"**, diz Drew, 30 anos.

Se é assim, por que sempre temos a impressão de que, quando as mulheres querem levar o relacionamento para o lado do compromisso, os homens parecem se comportar como aquelas crianças que precisam ser arrastadas para o consultório do dentista? Porque nos estágios iniciais do jogo do namoro, temos que saber para onde vocês estão indo. Considere o seguinte: menos de 50% dos homens afirmam que costumam ser os primeiros a dizer "Eu te amo", enquanto mais mulheres do que homens tomam a iniciativa de falar sobre o próximo passo a ser dado no relacionamento.

Isso indica que, quando se trata de amor, o que os homens querem é a garantia das mulheres (na verdade, sua permissão) de que eles podem liberar suas emoções.

Michael, 37 anos, dono de um restaurante na Carolina do Norte, diz ser cauteloso ao se expressar no início de um relacionamento – não porque seja acomodado nem porque deseje confundir a parceira ou torturá-la como um gato faz com um rato. Ele se contém porque está aguardando o sinal verde para pisar no acelerador. "Adoro ouvir que sou um sonho que se tornou realidade ou algo parecido com isso. Necessito de elogios e atenção tanto quanto ela. É por esse sinal que espero. Depois disso, sei que posso dar aquilo de que ela precisa", afirma ele.

O QUE DIZER, O QUE NÃO DIZER

Diga: Cursar a faculdade foi moleza, mas eu era horrível nas competições para ver quem bebia mais.

Nunca diga: Eu me graduei com a distinção *magna cum laudae.*

Por quê? Perfeição é intimidante, porém falhas são adoráveis.

Diga: O que faz você feliz?

Nunca diga: Como você acha que sua vida estará daqui a cinco anos?

Por quê? Ele precisa saber que você está interessada nele, e não num estilo de vida.

Diga: Amo minha família, mesmo que às vezes nossa interação seja difícil.

Nunca diga: Não consigo me relacionar com minha família.

Por quê? Quanto mais você demonstrar que aceita sua família, mais deixará claro que também o aceita.

Chris, 29 anos, defensor público, casado, concorda. "Os homens precisam saber que são importantes. As mulheres se esquecem de que, mesmo que elas estejam gostando de um cara legal, esse sujeito bacana pode estar muito nervoso para falar sobre seus sentimentos." E ele ainda nos dá uma opinião interessante: "As mulheres têm que estar mais predispostas ao fato de serem magoadas, assim como os homens estão todos os dias."

Alto lá! Os homens se machucam mais do que as mulheres?

Pense bem: no jogo do romance, normalmente o primeiro movimento parte do homem (quase sempre depois que a mulher dá um milhão de dicas na esperança de que ele perceba uma delas). Mas, ao fazerem isso, os homens acabam sendo mais rejeitados do que operadores de telemarketing. Acredite em mim, até mesmo o George Clooney tem uma lista de rejeições que ainda o faz estremecer de vez em quando.

Depois de cruzar a primeira barreira (tudo bem, a mulher gosta dele, o caminho é seguro), o homem reluta em dar o passo seguinte. Como ratos num laboratório, já levamos choques muitas vezes. Então, se estamos num lugar a salvo com vocês, ficaremos felizes em simplesmente continuar ali. É um equilíbrio delicado – a mulher tem que emitir um sinal indicando que o cara deve seguir adiante, mas sem fazer com que ele se sinta pressionado nessa direção. É bom que ela diga que acha que existe algo especial entre eles. E, ainda, que está tudo certo se ele se permitir sentir isso também. No entanto, é necessário cautela porque o perigo está à frente, como você verá.

Como vou saber que rumo nosso relacionamento está tomando?

Estou saindo com um homem há três semanas e acho que nosso relacionamento está ficando sério. Após os dois primeiros encontros, temos nos visto muito. Na semana passada, estivemos juntos duas vezes durante a semana e mais duas vezes no fim de semana. Gostaria de saber para onde nosso relacionamento está caminhando, mas não quero assustá-lo. Apenas desejo saber se nós dois estamos pensando da mesma maneira sobre a relação, se ele ainda está saindo com outras pessoas e aonde tudo isso vai levar. O que ele está pensando?

Esse cara está pensando o seguinte: depois de três semanas de relacionamento, não dá nem para imaginar ter esse tipo de conversa com você. Para ele, esse papo vai parecer o anúncio do nascimento de uma relação. *Hoje, celebramos o nascimento de um belo casal, pesando oito encontros, duas idas ao cinema e seis orgasmos (cinco para ele, um para ela): são João e Maria! Parabéns!* É muito formal, muito oficial, muito planejado. E toda essa formalidade vai acabar apagando aquela centelha inicial de empolgação que ele está sentindo.

"A única coisa pior do que uma mulher que não demonstra nenhum interesse após alguns encontros é uma mulher que manifesta muito interesse", diz Anthony, 25 anos. Terry, 32 anos, vai além: "Devagar! Não venham com 'Eu te amo' depois de três semanas." Pense da seguinte forma: não é verdade que as mulheres detestam quando os homens pulam as preliminares e vão direto ao sexo? Pois bem, quando vocês falam muito cedo sobre a situação do relacionamento é como saltar os primeiros passos da conquista e ir logo para as partes privadas do compromisso. Se você e esse cara estão se vendo quatro vezes por semana, isso é um belo sinal de que o relacionamento está no caminho certo. Basta dar a ele diversão – e um pouco de mistério – enquanto ele chega lá.

O que significa quando:

Ele diz que vai telefonar, mas não telefona.

Ele está pensando como um jóquei que não quer largar muito rápido. Esperar alguns dias faz com que ele estabeleça um ritmo confortável antes de tomar uma atitude. Mais tempo do que isso significa que saiu do páreo e está planejando entrar em outra corrida, num outro dia.

Ele liga no dia seguinte.

Ainda que saiba dos riscos de você achar que ele está altamente desesperado, ele está tentando mostrar que não está de brincadeira, mesmo que talvez esteja.

Ele manda um e-mail em vez de telefonar após o primeiro encontro.

Ele reescreveu esse e-mail 14 vezes para passar uma idéia que equilibra a dose certa de inteligência, paquera e elogios sem dar a impressão de que se esforçou muito para parecer inteligente, paquerar e elogiar você. Ele não tem medo de conversar, só está contando com o fato de que a chegada dessa primeira mensagem escrita vai lhe causar tanta empolgação quanto você causa a ele.

Como sei se é a hora certa de falar sobre meus sentimentos?

Estou saindo com um homem há dois meses. É o cara perfeito – engraçado, tem um excelente emprego e adoro ficar com ele. Viajamos juntos num fim de semana e foi ótimo. Estou sentindo que as coisas vão engrenar e acho que ele também pensa assim. Não quero estragar tudo. Ainda que eu não deseje fingir ser uma pessoa diferente, não tenho a intenção de fazer nada que possa atrapalhar nosso relacionamento. Alguma dica de como conduzir as coisas a partir deste ponto?

Dois meses pode parecer um pontinho nos radares do relacionamento, mas, para alguns homens, isso já se classifica como uma era completa. Nesse estágio, os homens com certeza procuram honestidade. "Se ela falar com mais franqueza comigo, vou fazer a mesma coisa, especialmente no início, enquanto ainda estamos nos conhecendo em termos emocionais", diz Warren, 33 anos. Essa opinião vem com um aviso. Seja sincera sobre seus sentimentos, no entanto não presuma nada sobre os sentimentos dele. Não use a palavra *nós*. Nessa fase, você fortalecerá sua posição se disser do que gosta *nele*, o que há de bom num relacionamento com *ele* e o que a excita *nele*. *Nós* é um termo que o assusta, contudo falar sobre *ele* o deixa empolgado. (Sim, somos nosso assunto favorito, porém essa é a natureza humana.) Esse é um modo de dizer que você ama o relacionamento e, ao mesmo tempo, massagear o ego dele, algo de que ele tanto precisa – tudo isso sem fazê-lo pensar que você já está de olho na aliança. Nessa etapa inicial, o segredo é andar na

Mistério masculino

23%
dos homens dizem "Eu te amo" para fugir de uma discussão.

ponta dos pés, dando a ele permissão para se apaixonar sem lhe dar razão para deixá-la.

Devo colocá-lo contra a parede?

Estou namorando há um ano e meio e moramos juntos há seis meses. Tenho 31 anos e minha família não sai do meu pé – eles acham que eu deveria procurar outra pessoa se não for me casar com ele, caso contrário só estarei perdendo tempo. Até minha melhor amiga me disse que ele não vai me pedir em casamento de jeito nenhum, afinal está tendo todo o sexo de um relacionamento conjugal sem o compromisso. Venho pensando bastante sobre dar um ultimato a ele ou estabelecer uma data-limite, mas algo me diz que isso é uma má idéia. Como saber se algum dia ele estará pronto para dar o próximo passo?

Você pode pensar que, como homens, temos medo do compromisso do casamento porque queremos preservar outras opções, porque estamos esperando por algo melhor ou porque tememos que isso decrete o fim oficial do sexo na banheira. Jay, 30 anos, diz que um homem hesita não por indiferença, e sim pelo motivo contrário: "Temos tantas dúvidas sobre os relacionamentos quanto as mulheres. Vou me casar em alguns meses com uma pessoa que amo muito. Sei que ela será uma ótima esposa e mãe. Será que é minha alma gêmea? Pergunta difícil, mas, se não for, é algo bem próximo disso." Quando decidimos que queremos nos casar, temos a intenção de fazer a coisa certa, para as duas partes. Então, será que você deve dar um ultimato ao seu namorado? Acredito que não. Se você tem sido honesta sobre o que sente por ele – e não pelo "relacionamento" –, pode perguntar-lhe diretamente o que ele sente por você. Caso seu namorado não consiga verbalizar seus pensamentos nem seus sentimentos, é sobre essa reação que você terá que refletir.

Mistério masculino

26%

dos homens dizem que uma noite tranqüila em casa é o tipo de encontro que mais os deixa no clima. (*MH*)

Dúvida feminina

Meu marido vive dizendo que os amigos dele me consideram muito sensual. Por que ele fica tão feliz com isso?

Bom trabalho, bom carro, boa conta no banco, bom corpo, boa mulher – juntos, esses fatores formam a equação que determina a hierarquia dos machos alfa. Além disso, você é sensual.

Dominando o universo masculino: o que você já aprendeu sobre os homens

- Se a mulher deseja falar sobre as possibilidades que seu relacionamento tem de se tornar duradouro, precisa tomar cuidado para não abordar esse tema prematuramente. Não deve ser direta cedo demais sobre o que acredita querer da relação.
- Não temos medo de nos apaixonar – tememos que as mulheres digam que estamos apaixonados. Concentrem-se no que vocês sentem por eles, e não pelo relacionamento.
- Um homem fica mais inclinado a mostrar seus sentimentos quando a mulher faz isso primeiro. Caso contrário, ele continua parado no sinal por muito tempo até avistar a luz verde.

DIGA ISTO HOJE!

A coisa mais sexy que já disseram a Joe, 36 anos:

"Nossa!"

A coisa mais sexy que Amy, 23 anos, disse a um homem:

"Amor, quero você agora."

| CAPÍTULO 2 |

Por que os homens sempre precisam estar no controle?

COMO VOCÊ PODE APROFUNDAR SEU RELACIONAMENTO SABENDO QUANDO E COMO ASSUMIR O COMANDO.

Perguntamos aos homens:

Que nota você daria para sua vida sexual atualmente?

Nota A	16%
Nota B	28%
Nota C	24%
Nota D	14%
Nota E	18%

SE VOCÊ FICOU CHOCADA COM ESSES NÚMEROS, isso não me surpreende. Os homens não se sentem felizes apenas por fazer sexo? Mas não se costuma dizer que, para nós, o sexo tem o mesmo significado que restos de comida têm para os cães – tanto faz se forem de filé mignon ou de miúdos de frango? É claro que essa suposição não é verdadeira. Dos entrevistados, 56% deram para sua vida sexual a classificação C ou menos. Num grupo de 2.500 homens, 1.400 estão insatisfeitos com o que acontece entre quatro paredes. Então, o que está se passando?

Os homens com quem falei – os que participaram da pesquisa para este livro, aqueles com quem conversei por meio da *Men's Health* e todos os que tenho ouvido em meus mais de 30 anos –

parecem ter o mesmo desejo: que suas namoradas ou mulheres conduzam a dança de vez em quando.

Numa escala de um a dez (sendo um alguém anestesiado para uma cirurgia e dez um roqueiro a mil por hora), os homens dão cinco para a "agressividade" sexual, ou ousadia, de suas parceiras. O que eles querem? De acordo com a pesquisa, classificá-las com oito. Some-se a isso o fato de que, quando os entrevistados mencionam sua melhor experiência sexual – *a melhor de toda a sua vida* –, um tema comum aparece: *a mulher* estava no controle. Tome estas declarações como exemplos:

- Andy, 31 anos, web designer da Califórnia, conta que sua melhor experiência sexual aconteceu quando sua namorada na época assumiu o controle total da situação – ainda que ela própria estivesse muito mais envolvida na cena do que ele. **"Ela se masturbou espontaneamente na minha frente e não me deixou tocá-la nem me despir. Pediu que eu dissesse que ela estava me deixando excitado (e estava!). Enquanto eu falava quanto ela era sexy, ela foi se empolgando cada vez mais até que chegou ao orgasmo."**
- John, 27 anos, estudante de Direito na Geórgia, afirma que fica excitado com o fato de que a "agressividade" da sua namorada na cama lembra um pouco a ousadia masculina. **"Uma vez cheguei em casa e ela estava vestida como uma colegial inocente. Saia, óculos, meia três-quartos – o visual completo. Ela ficou por cima de mim e nós transamos até ela ter um orgasmo. Deus, como amo isso. Sexo é muito bom."**
- Kyle, 36 anos, casado há quatro, diz que a "agressividade" sexual não tem necessariamente relação com coisas esquisitas, malucas nem com nada que a mulher não se sinta confortável em fazer. **"Certa vez, minha mulher me**

seduziu primeiro pelo telefone enquanto eu estava no trabalho, dizendo que mal podia esperar para me encontrar em casa. Quando cheguei, vi um bilhete dela na mesa da sala dizendo para eu 'ficar à vontade e ir para a cama', onde ela estava me esperando. Transamos de um modo impressionante naquele dia."

- Joseph, 31 anos, casado há cinco, revela que sua melhor experiência aconteceu quando sua mulher controlou toda a situação. **"Cheguei em casa do trabalho e a encontrei vestida só com lingerie, à meia-luz e com música ao fundo. Ela me pegou na sala – nos beijamos e começamos a nos acariciar. Depois, me fez ficar por cima e agarrou meu traseiro, tentando me colocar profundamente dentro dela enquanto gemia. Tivemos orgasmos e dormimos ali mesmo."**

O QUE DIZER, O QUE NÃO DIZER

Diga: Quero muito que esse relacionamento dê certo.

Nunca diga: Não sei para onde esse relacionamento está caminhando.

Por quê? Ele também não sabe.

Diga: Gostaria muito de conhecer seus pais.

Nunca diga: Por que você não me convidou para o almoço de Páscoa com seus pais?

Por quê? Ele não vai saber que isso é importante para você até que você lhe diga.

Diga: Quero morar com você, mas estou disposta a esperar.

Nunca diga: A esta altura, já deveríamos estar vivendo juntos.

Por quê? Os homens andam mais rápido quando não estão sob pressão.

É provável que você esteja pensando: "Mas não é verdade que os homens gostam de estar no comando? Eles não ficam excitados por sentir que estão controlando tudo? A maioria deles não prefere marcar o gol a passar a bola?" Tenho uma resposta para todas essas perguntas: Brad e Angelina. Se eles são aceitos por todos como o casal mais sexy do mundo, então eu pergunto: quem você acha que dá as ordens na cama?

Exatamente.

Os homens gostam de se ver como caçadores. Mas não desejamos necessariamente capturar bichos-preguiça e, com certeza, não queremos que vocês se finjam de mortas. Preferimos sentir que a caçada se deu entre criaturas que têm o mesmo poder sexual e que, quando vocês estiverem na nossa mira, serão tão determinadas quanto nós somos. Esperamos que vocês "correspondam à nossa empolgação", como disse Bruce Springsteen. As mulheres têm a habilidade de recarregar nossa energia sexual – sendo positivas, sedutoras e, atrevo-me a dizer, até dando algumas ordens. Toque-me aqui. Tire a roupa. Venha por cima. De novo. Agora.

Esse é o tipo de ordem que nenhum homem se cansa de obedecer.

Como me comportar na minha primeira vez com um homem?

Estou saindo com um cara há algumas semanas e já fizemos muita coisa, menos dormir juntos. Sei que não deveria ficar me comparando com outras mulheres com quem ele já transou, mas, é claro, há uma parte de mim que deseja ser a melhor. Por outro lado, não quero que ele pense que sou uma tresloucada com chicote e roupa de couro. O que é necessário para impressioná-lo na cama sem que ele pense que eu sou maluca, ou pior, que tenho muita experiência?

Você está certa: há uma diferença entre mostrar entusiasmo e montar uma produção digna da abertura das Olimpíadas. Seu objetivo deve ser demonstrar que você é sensual, tem a mente aberta e, acima de tudo, está interessada nele. O que você não precisa fazer é se revelar parte vaqueira, parte trapezista e parte cantora de ópera. A emoção da primeira vez – a prova de que uma mulher como você está interessada num pobre-diabo (como nos sentimos) – basta para tornar essa ocasião especial.

Por exemplo, Marcus, 29 anos, paisagista da Flórida, diz que o primeiro relacionamento sexual com uma mulher não é um indicador verdadeiro de como as relações futuras serão. "Já estive com mulheres que foram bastante conservadoras na primeira vez. Mas depois disso consegui ter uma idéia melhor de como elas eram sexualmente. O que de fato me excita numa garota que estou começando a conhecer é algo muito simples. É quando ela mostra que está louca por mim, dando a entender que, se não transarmos naquele momento, vai enlouquecer." Uma ótima experiência sexual é como uma ótima viagem – desejamos um parceiro que seja entusiasmado, aventureiro, cheire bem e saiba dirigir.

Não queremos um piloto de acrobacias.

O que significa quando:

Ele não passa a noite com você.

Os homens são práticos. Seu parceiro não está pensando sobre a natureza simbólica de sair do seu apartamento depois de ter feito sexo. Se ele tiver que trabalhar na manhã seguinte, provavelmente vai querer acordar perto do próprio guarda-roupa e do barbeador.

Ele passa a noite com você.

Os homens são práticos. Seu parceiro não está pensando sobre a natureza simbólica de dormir depois de ter feito sexo. Se ele não tiver que trabalhar na manhã seguinte, é mais fácil ficar na sua casa do que se arrumar para sair.

Ele está deixando a barba crescer na área abaixo do lábio inferior.
Ele acabou de passar por uma separação difícil.

Como os homens classificam as mulheres na cama?

Sei como as coisas funcionam. Nenhum homem critica uma mulher na cama nem diz qualquer coisa diferente de "Você é ótima", porque, se fizer isso, nunca mais vai conseguir transar com ela de novo. Mas como uma mulher sabe se um cara acha que ela é realmente boa de cama?

Já trabalhei para um supervisor que nunca chamava os funcionários até à sua sala para lhes comunicar pessoalmente que haviam sido rebaixados na hierarquia do departamento. Ele preferia colocar o novo organograma no quadro de avisos para mostrar ao infeliz que ele se encontrava num nível abaixo daquele em que imaginava estar. Embora essa não seja a melhor maneira de aumentar a lealdade dos funcionários, ela serve para ilustrar a seguinte questão: ninguém gosta de dar más notícias. Mais ainda, ninguém gosta de dar más notícias para alguém com quem convive todos os dias.

O que os homens dizem quando não estão na linha-de-tiro é que eles não se fixam no "desempenho" das mulheres nem as comparam às suas predecessoras. Eles estão interessados no seu grau de entusiasmo – no modo como elas respondem ao toque, em quanto parecem querer que eles as toquem. "Já tive excelentes parceiras na cama. Uma ex-namorada tentava fazer uma coisa nova todas as vezes – por exemplo, colocava lenços vermelhos em cima das lâmpadas ou experimentava novas posições. E era o máximo", diz Brad, representante de vendas de 32 anos. "Mas agora estou com outra pessoa. O sexo com ela é totalmente diferente, é mais tradicional. Mesmo assim, é ótimo, divertido e intenso. Só é de outro tipo." A mente de um homem está mais preocupada com a próxima vez em que ele irá transar do que com a última. Os homens estão para o sexo assim como o Coiote está para o Papa-Léguas – mesmo que uma bigorna caia na nossa cabeça, já estamos pensando no próximo plano.

Mistério masculino

72%

dos homens dizem iniciar mais da metade das relações sexuais. ***(MH)***

Mas, para saber o que ele pensa do seu desempenho na cama, este é o sinal: o homem que acabou de ter uma ótima transa se mostra mais romântico, mais atencioso e mais carinhoso, isto é, exibe o mesmo comportamento que apresenta quando está querendo sexo.

De quanto sexo os homens precisam?

Após seis anos de casamento, a freqüência das nossas relações sexuais diminuiu bastante – de três ou quatro vezes por semana para uma vez a cada duas semanas, se tanto. Não creio que exista apenas uma razão para isso – talvez seja uma combinação de cansaço com o sentimento de que o sexo caiu na rotina. Às vezes, porém, me preocupo achando que isso não é suficiente para o meu marido. Quero que ele fique satisfeito, mas é difícil ter energia e tempo para transar mais vezes. Será que nosso relacionamento está em risco?

A questão é: a maioria dos homens entende e aceita a realidade de crescer e se tornar adulto. Assim como as mulheres, sentimos a pressão com o trabalho, com os filhos e até mesmo a insegurança com o próprio corpo. E também nos perguntamos se estamos fazendo sexo na quantidade de vezes que vocês gostariam. As máquinas sexuais que éramos no início da relação podem ter diminuído o ritmo, enquanto a criatividade selvagem que exibíamos na cama talvez tenha se tornado algo mais parecido com uma linha de montagem. John, que tem 43 anos e está casado há 15, diz que é realista: "Se eu acho que vou transar com minha mulher três vezes por semana, como no início do casamento? Não. Nem tenho energia para isso, mesmo que goste de pensar o contrário."

Preciso dizer, novamente, que a maioria de nós não vê problema nisso. Mas, como em qualquer situação, uma redução da quantidade não deve ser acompanhada de uma queda na qualidade. John continua: "Algumas vezes, percebo que minha mulher faz sexo comigo porque acha que é um 'dever' dela, já que estamos há algum tempo sem transar. Não há nada pior do que sentir isso." O segredo é não se preocupar com a freqüência, e sim reservar um momento em que vocês dois estejam com vontade para que possam curtir a experiência. Afinal, quanto mais velhos ficamos, mais entendemos por que uma única garrafa de um bom vinho vale mais do que cinco caixas de cerveja barata.

Dúvida feminina

Mencionei casualmente que um corte de cabelo lhe cairia bem (ele está tão desgrenhado que mais parece um sem-teto). Tenho a impressão de que ele espera muito tempo para ir ao barbeiro. Por que isso?

Porque há 20 anos os pais dele lhe disseram quando, onde e como cortar o cabelo. Ele gosta de ouvir que não sabe cuidar de si mesmo tanto quanto você gosta de ouvir que já está na hora de depilar o buço. Ele tem um espelho e irá cortar o cabelo quando puder.

Dominando o universo masculino: o que você já aprendeu sobre os homens

- Às vezes, o que faz com que o sexo seja inesquecível é o fato de ele começar com a mulher querendo transar.
- Quando se trata do envolvimento da mulher no sexo, os sons são sempre melhores do que objetos eróticos.

- À medida que o relacionamento amadurece, o homem ficará satisfeito se a ênfase estiver na qualidade, e não na quantidade.

DIGA ISTO HOJE!

A coisa mais sexy que já disseram a Craig, 28 anos:

"Amo seu corpo."

A coisa mais sexy que Diane, 31 anos, disse a um homem:

"Sempre quero mais de você – da sua pele, do seu toque, dos seus olhos."

| CAPÍTULO 3 |

Por que nossa vida sexual é cheia de altos e baixos?

NOSSA ATIVIDADE SEXUAL COMEÇA NO MOMENTO EM QUE ABRIMOS OS OLHOS PELA MANHÃ. SE VOCÊ SE ADAPTAR AOS SIMPLES SINAIS DE AMOR DO SEU PARCEIRO, DESCOBRIRÁ COMO TORNAR SEU ROMANCE O MÁXIMO – NA CAMA E FORA DELA.

Perguntamos aos homens:

Qual é a coisa mais importante num relacionamento?

A amizade	62%
Ter os mesmos sonhos e objetivos	30%
O sexo	8%

FALANDO COM FRANQUEZA: EXISTEM HOMENS que não querem nada além de 20 minutos de sexo sem compromisso (tudo bem, talvez seja algo em torno de três minutos e meio, mas quem está contando?). E alguns deles ficam amorosos e atenciosos para conseguir isso. No entanto, esses caras não são tão representativos. Sim, alguns de nós são tão profundos quanto um pires, porém a maioria tem pensamentos mais nobres – e mais românticos.

Há certos momentos em que os homens estão interessados apenas num encontro rápido e num carro mais rápido ainda, para fugir. Contudo, nossos entrevistados deixaram um ponto bastante claro: embora adorem sexo, não é por esse fator que eles definem o sucesso de um relacionamento. Na realidade, 63% deles disseram que provavelmente não se casariam com uma mulher que fosse para a cama com eles no primeiro encontro. Além disso, mais de 50% dos participantes da pesquisa afirmaram que não conseguem transar se não houver envolvimento emocional. É ainda mais revelador que os homens fiquem um pouco chateados por serem estereotipados como bárbaros truculentos que usam o pênis no lugar do cérebro e cujo único objetivo na vida é descobrir um novo território para explorar. Para muitos de nós, o sexo representa apenas uma fatia (muito saborosa) da torta que é um relacionamento.

- **"As mulheres precisam entender nossa necessidade de afeto. Aceitação, recompensa, ajuda e amor são tão importantes quanto qualquer outra coisa. Mas necessitamos de algo físico logo no início para nos sentirmos amados e queridos"**, diz Keith, 26 anos, produtor de rádio.

- **"Desejamos as mesmas coisas que as mulheres. Procuramos pela pessoa certa que nos fará felizes e nos manterá assim por muito tempo. Queremos uma mulher que, depois de casada, continue a ser a mesma pessoa que era durante o namoro"**, diz Bob, 33 anos, gerente de tecnologia da informação.

- **"Acho que a maioria das mulheres não entende que os relacionamentos podem ser – e quase sempre são – tão emocionalmente envolventes para os homens quanto são para elas"**, diz Todd, 27 anos.

- **"Pensamos muito em sexo, porém nos importamos mais com as mulheres"**, diz Reed, 37 anos.

- **"Amo as mulheres sensuais. Uma mulher que não tenha medo de me dizer o que ela pensa é a pessoa certa para mim"**, diz Jerry, 32 anos.

O QUE DIZER, O QUE NÃO DIZER

Diga: Estou com tanta vontade que mal posso esperar para transar com você de novo.
Nunca diga: Já faz semanas que não fazemos sexo!
Por quê? Dizer o óbvio não ajudará em nada.

Diga: Vamos àquele bistrô que é aconchegante e escurinho para dar uns amassos.
Nunca diga: Nunca mais fizemos nada romântico.
Por quê? Apresente um plano e ele seguirá você.

Diga: Tire meu sutiã com os dentes!
Nunca diga: Você não quer que eu use lingerie?
Por quê? A resposta será não – até que ele veja você nela.

Conheça agora a história de Richard, um arquiteto de 31 anos que vive no Texas. Quando tinha pouco mais de 20 anos, ele estava saindo com uma mulher havia menos de um ano. Eles tinham o que ele descreve como um sexo inacreditável. "Era realmente extraordinário. Não havia nada que aquela mulher não fizesse. Cada vez que transávamos, ela parecia determinada a se superar. Em algumas noites, me perguntava o que eu queria, como se ela fosse uma garçonete e eu tivesse a liberdade de pedir qualquer coisa do cardápio. Quando estava cansado, podia dizer que estava a fim de sexo oral e, bingo, era isso que eu ganhava", conta ele.

Richard diz que, embora o relacionamento fosse bom, eles tinham mais problemas do que um HD com 10 anos de idade. Por exemplo, ele achava que os dois estavam em momentos diferentes da vida pessoal e profissional. Quando se tratava de como passar os fins de semana, só concordavam com a opção de ir a festas acompanhados de amigos (ele gostava de praticar atividades ao ar livre, mas ela, não). Na realidade, Richard nunca havia confiado naquela mulher por suspeitar de que ela o tivesse traído, ainda que não possuísse nenhuma prova disso. "Certa noite, quando a ouvi dizer quanto gostava dos meus pais e que eles seriam ótimos sogros, percebi que não conseguia me ver formando uma família com ela. Terminamos algumas semanas depois disso. Embora o sexo fosse inacreditável, não compensava agüentar os outros problemas da relação."

Mistério masculino

34%

dos homens dizem que sua melhor experiência sexual foi baseada na imagem do corpo nu da parceira.

Talvez Richard tenha levado muito tempo para compreender essa questão ou pode ser que sua empolgante vida sexual o tenha feito acreditar que o relacionamento tinha futuro. É claro que existe uma parte dentro da maioria dos homens que gostaria de ter transas dignas de manchetes, mas a verdade é que nós – ainda que amemos fazer sexo, desejemos sexo e às vezes só queiramos sexo – não somos tão superficiais quanto pode parecer. Sangramos mais fundo do que vocês imaginam.

Os homens usam o romantismo para conseguir favores sexuais?

Algumas semanas atrás, meu namorado disse que queria planejar uma noite diferente para nós. Não havia um motivo especial para isso, ele pretendia apenas sair e fazer algo divertido. E se empenhou para valer – organizou tudo. Jantamos num bom restaurante, assistimos a um show num pequeno teatro e, em seguida, fomos dançar (coisa que ele nunca faz). Ele até me deu um cartão em que escreveu por que me ama. Eu, é claro, estava especialmente excitada e tivemos uma relação sexual maravilhosa naquela noite. Mas, assim que terminamos, ele se virou para o lado e dormiu. No dia seguinte, estávamos de volta à rotina. Sei do que os homens são capazes por causa de sexo e, embora a noite tenha sido ótima, tudo pareceu fazer parte de uma grande encenação para me deixar com vontade de transar. Será que entendi isso direito?

Não exatamente. Pense nos homens como máquinas que possuem dois tanques de combustível. Um deles é o sexual, psicológico. Você sabe como ele funciona: nós o usamos uma vez e depois precisamos esperar um pouco antes de chegarmos à reserva e utilizá-lo de novo. Temos também um tanque romântico que opera da mesma maneira – necessitamos de um tempo antes de recuperarmos a energia para dispor dele mais uma vez.

Os homens querem ser heróis românticos – e seríamos Romeus ainda que soubéssemos que isso não resultaria em sexo. Tal qual uma banda de rock famosa que se aperta numa pequena casa de shows para fazer um espetáculo, gostamos das pequenas recompensas proporcionadas por nossas ações, contudo também apreciamos fazer coisas apenas pelo prazer de fazê-las. O que nos excita é a satisfação de conseguir realizar uma sensacional proeza romântica.

Esclarecido esse ponto, passemos ao seguinte. Nem sempre temos tempo, energia e criatividade para surpreender vocês. "Não é que eu não queira ser romântico o tempo todo. Mas às vezes parece que preciso investir muita energia para proporcionar o tipo de romantismo que ela quer", diz Jay, representante de vendas de 33 anos, que está namorando há um ano. Kenny, 24 anos, acrescenta: "Sou romântico e cheio de criatividade. Porém, de vez em quando fica difícil mostrar esse lado." Há ocasiões em que dispomos do tempo, da energia e dos recursos necessários para deixar vocês boquiabertas com nossas expressões de amor, da mesma forma como existem momentos em que vocês nos deixam admirados com sua expressão de paixão sexual. Contudo, uma coisa não depende da outra. Algumas vezes queremos ser apenas românticos, assim como algumas vezes vocês desejam apenas sexo.

O que significa quando:

Ele fica todo carinhoso após o sexo.

Foi inacreditável. Muito obrigado.

Ele se vira para o lado e dorme.
Foi inacreditável. Muito obrigado.

Ele diz "Eu te amo" pela primeira vez (durante o sexo).
Foi inacreditável. Muito obrigado.

Se eu der sexo a ele, ganharei o afeto que quero?

Há uma coisa que não entendo. Sei – sobretudo depois de conversar sobre isso com minhas amigas – que sou tão "agressiva" sexualmente quanto qualquer mulher. Uso roupas sensuais, experimento coisas novas, adoro fazer sexo e sei como tocar o corpo de um homem. A questão é a seguinte: nos últimos dois anos, meus relacionamentos não duraram mais do que cinco meses. Também me considero inteligente e engraçada, além de boa companhia. Assim, não sou capaz de identificar o problema. Alguma idéia?

Pense na palavra "química". Ela é muito utilizada porque faz sentido para o sexo masculino. A verdade é que os homens a usam tanto para definir as faíscas que surgem quando os lábios se tocam quanto para se referir às centelhas que se formam quando eles são usados para pronunciar palavras. "Não vivemos num mundo só de sexo. Qualquer pessoa pode transar com a gente. O que nós queremos é uma mulher inteligente, com senso de humor, talento, responsabilidade e maturidade – mais ou menos as mesmas qualidades que as mulheres procuram num cara", diz Matthew, 31 anos, médico da Califórnia. Não posso falar especificamente sobre o que aconteceu entre você e seus ex-namorados, no entanto posso dizer que, quando o sexo é bom, ele torna um bom relacionamento excelente. Por outro lado, o único efeito do sexo bom sobre os relacionamentos ruins é fazê-los durar um pouco mais do que deveriam.

> **Mistério masculino**
>
> **32%**
>
> **dos homens dizem ter continuado num relacionamento porque o sexo era ótimo.**

Por que os homens nos levam para a cama e fogem?

O último homem com quem saí estava fazendo tudo direito. Ele me levava para jantar, me elogiava sem parecer falso, ligava quando dizia que ia ligar e também tinha um ótimo papo. Depois de sairmos três vezes, fizemos sexo e, então, tudo foi por água abaixo. Chegamos a nos ver mais uma vez, mas ele disse que não estava dando certo. Sei que nem todos os homens são assim – estou com um namorado muito bacana agora –, porém odeio pensar que os homens estão sempre atrás de uma transa. Como saber se um cara está interessado em mim ou se está apenas tentando me levar para a cama?

É claro que alguns homens fazem o papel do vilão sexual clássico – aquele cara que, durante o dia, se disfarça de cavalheiro romântico e amoroso, capaz de fazer qualquer coisa por você, mas que, à noite, usa o uniforme do seu alter ego, o Cretino. Assim que veste novamente suas roupas comuns, desaparece como num passe de mágica.

Quer saber de uma coisa? Esse cara é uma aberração – é ele quem faz com que o resto de nós fique com má fama. A maioria dos homens deseja que os relacionamentos dêem certo. "Tenho 33 anos e já me relacionei com muitas mulheres. Quando não estou namorando ninguém, saio pelo menos uma ou duas vezes por semana. Digo com toda a honestidade: vou para a maior parte desses encontros com a intenção, ou melhor, com a esperança, de que eles resultem em algo mais do que dois cálices de vinho e uma boa massa", diz Dwayne, editor de livros de Nova York.

Ainda que seja difícil conhecer as reais intenções de um pretendente em potencial, você pode descobrir bastante informando-se sobre as mulheres com quem ele já saiu. Às vezes, saber mais sobre seus relacionamentos passados permite identificar seus planos para o futuro. Se o homem acabou de terminar um namoro longo (ou se a camisa dele está com mais de dois botões desabotoados), isso é um sinal de que, provavelmente, está mais interessado num programa de uma noite do que em algo que possa ficar mais sério.

Dominando o universo masculino: o que você já aprendeu sobre os homens

- A longo prazo, relações sexuais maravilhosas não significam muita coisa quando os outros aspectos do relacionamento são medíocres.
- Prestamos atenção em como as mulheres nos tratam tanto na cama quanto fora dela.
- O sexo não deve ser usado como um cinto de segurança para o relacionamento. A mulher pode prender o homem usando seu corpo, mas, se ele não estiver satisfeito com o modo como ela pensa, com sua personalidade e com todo o resto, acabará encontrando um jeito de se soltar.

Dúvida feminina

Eu adoraria ficar pendurada no teto pelo calcanhar durante o sexo. Por que será que ele parece não ter vontade de experimentar posições não convencionais?

Talvez, em seu último relacionamento, o sexo tenha se limitado ao papai-e-mamãe. Assim, ele não deve ter conhecido o doce prazer dos orgasmos de cabeça para baixo. Ou apenas está hesitante em lhe perguntar sobre isso. Quer aumentar a vontade dele? Ajude-o iniciando você mesma as tentações.

A melhor transa da vida deles

"Foi num hotel. Transávamos e depois íamos dormir. Quem acordasse primeiro começava a acariciar o outro. Num período de oito horas, transamos oito vezes – na última vez, por 50 minutos."

– Shane, 21 anos

"Minha melhor transa aconteceu quando retomei um namoro após uma separação de oito meses. Foi como estar com uma pessoa nova, mas sabendo exatamente o que ela queria."

– Lyle, 29 anos

"Quando saímos certa vez. Ela estava superarrumada e ficou me provocando a noite toda. Quando finalmente chegamos em casa, parecia que tínhamos 16 anos."

– Danny, 24 anos

"Foi num dia em que ela estava com tanta vontade que rasgou toda a minha roupa. Transamos por 20 minutos e depois dormimos abraçados."

– Ken, 24 anos

"Ela chegou do trabalho vestindo uma saia preta, meias sete-oitavos e uma blusa branca apertada. Ficou me olhando cheia de malícia e disse que estava sem calcinha. Fizemos sexo no chão da sala."

– Tony, 26 anos

"Foi quando chegamos ao orgasmo juntos."

– Michael, 25 anos

"Nosso melhor sexo é quando falamos sobre nossas fantasias enquanto estamos transando."

– Tyler, 23 anos

"Dentro do carro, no nível mais alto do estacionamento de uma loja de departamentos. Durante uma tempestade."

– Wayne, 38 anos

"Foi totalmente inesperado. Entrei em casa e ela estava me esperando, pronta. Fui abatido na cozinha."

– Ivan, 34 anos

DIGA ISTO HOJE!

A coisa mais sexy que já disseram a James, 34 anos:

"Eu te amo muito, mas, se você não tirar a roupa em 10 segundos, eu me visto."

A coisa mais sexy que Maria, 32 anos, disse a um homem:

"Vem cá."

| CAPÍTULO 4 |

Por que os homens não falam como as mulheres?

A VERDADE SOBRE POR QUE ELES NÃO SE EXPÕEM – E TRÊS TÁTICAS SIMPLES QUE VOCÊ PODE USAR PARA CONSEGUIR QUE SEU COMPANHEIRO SE EXPRESSE.

Perguntamos aos homens:

Que nota você daria para a felicidade que está tendo no seu relacionamento atual?

Nota A	37%
Nota B	38%
Nota C	18%
Nota D	5%
Nota F	2%

ANTES DE TUDO, PRECISO PARABENIZAR VOCÊS. Um em cada quatro homens deu nota A para seu relacionamento atual e 98% deles deram nota suficiente para que suas vidas amorosas passassem de ano. O motivo? Vocês serem tão incrivelmente surpreendentes.

E é nesse ponto que vemos a maior ironia: os homens, em geral, estão bastante contentes com seus relacionamentos. Ainda assim, as mulheres – que são as pessoas responsáveis por fazê-los tão felizes – passam boa parte do tempo matutando sobre as intenções dos companheiros. Ficam imaginando se eles querem continuar na relação ou se mal podem esperar para se verem livres dela. Na verdade, elas alimentam tanto esse tipo de caraminhola que é comum pedirem aos homens que falem sobre – ai, que horror! – seus sentimentos. E se existe algo capaz de deixar descontente um homem feliz é ter que abordar esse assunto. É como fazer um suflê maravilhoso e depois abrir o forno para ver se está tudo bem – de repente, puf, o suflê murcha.

Isso não quer dizer que as mulheres nunca possam perguntar sobre os sentimentos deles. É tudo uma questão de técnica: é necessário persuadi-los a ficar à vontade para que dividam tudo com vocês. Tentar forçá-los a falar sobre isso apenas os deixará mais inflexíveis.

- **"Também temos sentimentos que gostaríamos de expressar, mas precisamos de ajuda para isso"**, diz Grant, 35 anos.

- **"Embora a maioria dos homens não goste de falar dos próprios sentimentos, isso não quer dizer que não estejamos investindo no relacionamento"**, diz Stan, 31 anos.

- **"Aprendemos a guardar nossos sentimentos, a não mostrar fraquezas e a não parecer incapazes de tomar uma decisão rápida e firme"**, diz Billy, 27 anos.

- **"Vocês querem que os homens falem? Então, por favor, não perguntem sobre nossos sentimentos"**, diz Colin, 24 anos.

- **"As mulheres não sabem que a maioria de nós quer um vínculo emocional, mas que, de maneira geral, temos dificuldade para nos expressar e acabamos**

internalizando o que estamos sentindo. Para mim, é mais fácil escrever sobre meus sentimentos do que falar sobre eles", diz Garry, 29 anos.

O QUE DIZER, O QUE NÃO DIZER

Diga: O que você pensa sobre isso?

Nunca diga: Como você se sente em relação a isso?

Por quê? Ele sabe responder à primeira pergunta, mas a segunda o deixa nervoso.

Diga: Gostaria de poder dizer isso de um modo que fizesse mais sentido para você.

Nunca diga: Você não me entende.

Por quê? Os problemas de comunicação acontecem entre as duas pessoas.

Diga: Vamos dar uma volta de carro.

Nunca diga: Vamos nos sentar e conversar.

Por quê? Os homens ficam menos tensos quando estão fazendo algo físico.

Diga: Só fale uma vez sobre o que você está sentindo.

Nunca: Repita dez vezes o que você está sentindo.

Por quê? Para um homem, a repetição faz com que uma afirmação perca a importância.

Para a maioria dos homens, falar sobre seus sentimentos com uma mulher é como falar francês com uma pessoa nascida em Paris. Não importa quanto estudamos, jamais teremos a mesma fluência de um nativo. Assim, vocês – as belas moças francesas da história – precisam facilitar as coisas para nós.

Da nossa parte, há um pedido que gostaríamos de fazer: não perguntem diretamente sobre nossos "sentimentos". Pronunciar essa palavra para um homem é como cortar suas unhas do pé durante um striptease – é difícil imaginar algo pior. O motivo? Temos sentimentos, mas não dispomos de acesso a eles da mesma forma que vocês. Portanto, qualquer conversa a respeito desse assunto nos faz sentir como se estivéssemos nos 15 minutos finais de um seriado policial: fazemos o papel dos bandidos, enquanto vocês são os detetives experientes colocando o dedo no nosso nariz e dando a entender que sabem um pouco mais do que nós.

E é verdade. Vocês sabem o que estão sentindo, nós não. Então, se querem que sejamos capazes de compartilhar nossos sentimentos, ajudem-nos a falar sua língua. Como? Falando um pouco a nossa.

"Certa noite, minha mulher ficou irritada comigo por uma coisa boba: não pude me encontrar com ela porque já havia combinado almoçar com colegas de trabalho", conta Thomas, 35 anos, gerente financeiro de uma concessionária de veículos de Nova Jersey. "Quando cheguei em casa, chamei-a de louca por ter ficado irritada, afinal eu tinha acertado o compromisso com meus amigos antes. Mas ela continuou a reclamar, explicando que não estava aborrecida por causa do almoço, e sim porque eu andava distante nos últimos tempos. Em vez de gritar comigo ou até de me fazer um monte de perguntas sobre como me sinto sobre nosso relacionamento, ela só disse aquilo e saiu. Achei que precisava me defender. Além disso, vê-la calada me fez começar a falar. Disse que meu trabalho estava me deixando infeliz, que sabia que estava estressado e que não vinha sendo um marido tão bom quanto deveria – coisas que eu nunca tinha mencionado em seis anos de casamento."

Mistério masculino

27%

dos homens dizem que a principal fonte de brigas com sua mulher ou namorada é o fato de eles não falarem sobre seus sentimentos.

Conclusão: se vocês querem ouvir o que temos a dizer a respeito dos nossos sentimentos, parem de perguntar sobre eles. Em vez disso, observem nosso comportamento e aquilo que nos interessa. E sejam honestas quanto a seus sentimentos – quanto mais à vontade uma mulher se mostra ao falar sobre o que sente, maior é a chance de que seu companheiro faça o mesmo.

Como saber para onde a relação está indo?

Acho que meu namoro se estagnou. Estamos juntos há alguns meses e tudo era ótimo no início. Agora, parece que caímos na típica rotina dos relacionamentos. Sempre nos encontramos durante a semana, alugamos um filme na sexta-feira e, normalmente, transamos duas vezes por semana (uma delas depois do filme). Embora ele seja bom para mim e me trate bem, eu gostaria que as coisas voltassem a ser como antes. Ele garante que está tudo certo, que se importa comigo e que não devo me preocupar. De qualquer modo, fico grilada porque uma coisa é o que ele diz e outra é o que vem acontecendo semana após semana. Alguma idéia do que está se passando na cabeça dele?

Sim. O pensamento do seu namorado está de acordo com o que ele diz: está tudo bem. "As mulheres acham que não falar sobre o relacionamento significa que existem problemas, mas, para os homens, é o oposto. Se não temos nada para dizer, é porque estamos felizes", afirma Conner, 32 anos. Portanto, a verdadeira pergunta não é "O que ele está pensando?", e sim "O que *você* está pensando?". Caso esteja satisfeita com a relação, relaxe e aproveite-a. Se espera mais dela, converse com ele a respeito disso. "Quando um homem ama uma mulher, ele prova isso com ações, e não apenas com palavras", diz Jimmy, 27 anos. Ou seu namorado vai se empenhar em melhorar o relacionamento de vocês ou isso é tudo o que ele tem a lhe oferecer – e talvez você precise procurar outra pessoa.

O que significa quando:

Ele diz "Eu te amo" pela primeira vez (que não seja durante o sexo).

Ele a ama realmente. E pensou muito nisso antes de lhe dizer.

Ele diz "Ótimo!" em resposta à pergunta de como foi seu dia.
Ótimo. Se alguma coisa importante tiver acontecido, ele dirá – daqui a algumas horas.

Ele diz "Cinco" quando você pergunta com quantas mulheres ele já dormiu.
Doze.

Por que os homens não respondem a perguntas que envolvem sentimentos?

Tenho uma grande amiga que se separou do marido há pouco tempo. Eles têm uma filha de oito anos e estão brigando por uma série de coisas – custódia, programação de visitas à menina, dinheiro, etc. Quando contei essa história para o meu marido, perguntei a opinião dele, afinal esses problemas são muito sérios e imaginei que ele teria opiniões a respeito disso. Sabe o que aconteceu? Ele continuou sentado no sofá, apenas balançou os ombros e disse: "Mas que droga de situação!" Será que ele não tem sentimentos?

É claro que seu marido tem sentimentos. E ele lhe disse isso. Para ele, a situação é uma droga.

Ah, tudo bem, você esperava mais. O problema é o seguinte: você queria que ele percebesse as suas preocupações, mas o sinal que você mandou foi pior do que o de uma estação de rádio pirata. É o velho enigma dos sentimentos. Se você quer saber como ele lidaria com um problema de custódia, faça-lhe uma pergunta direta a respeito disso. Caso deseje saber se ele considera errado um dos cônjuges desistir do casamento, essa é a pergunta que deve lhe dirigir. Apenas não pergunte sobre os sentimentos do seu marido e espere que ele suponha que a história dos seus amigos é, na verdade, uma fábula de Esopo para o relacionamento de vocês. "Somos criaturas simples. Por favor, não presumam

Mistério masculino

65%
dos homens dizem não gostar que suas parceiras perguntem muito sobre eles.

nem insinuem nada. Revelem suas intenções e sejam diretas. Não façam com que precisemos adivinhar o que vocês querem dizer nem o que estão sentindo", recomenda D. J., 26 anos.

D. J. talvez seja otimista demais. Da mesma forma que os homens gostam de equações com problemas e soluções diretas, as mulheres preferem um tipo de comunicação mais poético e metafórico. É por isso que a comunicação entre os sexos é tão complicada. Para nós, lidar com situações hipotéticas é divertido quando se trata de esportes ou do mercado de ações, mas não quando vocês querem saber sobre como nos sentiríamos a respeito de coisas sérias, como o fim de um relacionamento ou a infidelidade. Nesses casos, perguntas diretas lhes darão as respostas que vocês desejam: vamos ficar juntos e serei fiel para sempre.

Por que os homens não conseguem planejar o futuro?

Tenho dois filhos, um menino de três anos e uma menina de seis. Como não suporto mais tomar pílula, tentei conversar com meu marido sobre outras opções. Perguntei, especificamente, se ele gostaria de ter mais filhos. (Qualquer resposta me deixaria feliz.) Caso ele não quisesse outra criança, seria hora de falarmos sobre vasectomia. Mas ele não consegue se decidir se deseja outro filho e também não parece empolgado com a idéia da cirurgia. Por que ele não me diz logo o que prefere para que possamos traçar um plano?

Em nossas pesquisas, perguntamos aos homens sobre a questão da vasectomia. John, 41 anos, está discutindo o assunto com a mulher, mas eles estão tendo dificuldade em identificar quem de fato não quer mais ter filhos. "Nenhum de nós assume isso. Ela acha que não me submeto logo à cirurgia porque tenho um plano maligno: caso a deixe, poderei ter filhos com uma gatinha de 22 anos. Acontece que não estou a fim de fazer essa operação porque nós não eliminamos totalmente a possibilidade de termos filhos. Se ela quiser mais um, eu também quero."

Na verdade, os homens odeiam admitir que não têm um plano. E, em situações complexas como essa, é difícil decidir, unilateralmente, o resto da vida de ambos. Ele vai se debater como um peixe fora d'água até que tenha certeza. Então, num belo dia, anunciará a decisão.

Sei que é difícil viver conosco. Mas, por favor, não tentem viver sem nós.

Dúvida feminina

Por que é tão difícil para um homem escrever uma mensagem personalizada num cartão de aniversário? Todo ano é a mesma coisa: "Com amor, Jim."

Cinco minutos entre sair da papelaria e chegar em casa não é um tempo suficiente para criar algo melhor do que isso. Além do mais, ele prefere que um bom jantar e um bom espetáculo falem por ele.

Dominando o universo masculino: o que você já aprendeu sobre os homens

- Sentimentos são como um palavrão para nós. Tirem essa palavra do seu repertório de conversas. Tentem perguntas mais diretas como "O que você pensa sobre...".
- Quando não mencionamos nossos sentimentos, é porque estamos achando tudo uma maravilha. Caso falemos sobre eles, é porque as coisas não vão bem.
- Se formos pressionados, não vamos nos abrir. As mulheres precisam nos dar espaço para que as deixemos entrar.

DIGA ISTO HOJE!

A coisa mais sexy que já disseram a Dale, 32 anos:

"O que você vai querer como café da manhã?"

A coisa mais sexy que Tricia, 28 anos, disse a um homem:

"Meu sonho é ter você."

| CAPÍTULO 5 |

O que está realmente aborrecendo seu parceiro?

A VERDADE NUA E CRUA SOBRE A INSEGURANÇA MASCULINA E POR QUE SOMENTE A MULHER QUE O HOMEM AMA DE VERDADE CONSEGUE FAZER COM QUE ELE SE SINTA MELHOR.

Perguntamos aos homens:

Com que freqüência sua mulher ou namorada elogia seu corpo?

Sempre	4%
Freqüentemente	19%
Às vezes	38%
Raramente	24%
Nunca	14%
Outros	1%

DEIXE-ME ADIVINHAR. Uma das suas principais reclamações em relação ao homem com quem você está no momento, namorado ou marido, é que ele não faz nada especial se não houver um motivo. No seu aniversário, lhe dá flores e um cartão. No aniversário de namoro ou de casamento, faz a reserva no restaurante. No Natal, tenta (ainda que na última hora, quando o shopping já está fechando) comprar um vestido que é dois números menor do que o seu. No entanto, já faz um longo tempo desde que você ganhou um cartão, uma flor, um jantar ou uma jóia sem que houvesse uma razão específica.

Todos nós sabemos que não somos tão generosos com as mulheres quanto poderíamos ser quando se trata de dar abraços sem motivo, elogiar ou presentear com flores roubadas do jardim de alguém. E estamos cientes de que temos que melhorar. Então, não se envergonhem de nos fornecer algumas dicas pouco sutis a esse respeito – nós agradecemos.

Mas, quando se trata de nós, há um problema: os homens não dão dicas. E também precisamos ouvir elogios de vez em quando.

Para vocês, as flores, o cartão e até mesmo uma frase como "Nossa, seu cabelo está lindo!" servem para assegurá-las de que estamos felizes, que as amamos e que assistiríamos até a mais chata das novelas se isso as deixasse contentes. Mas o que nunca vamos admitir – nem mesmo sob tortura – é que somos profundamente inseguros.

"Somos muito menos confiantes do que as mulheres pensam e precisamos de tantos gestos de incentivo quanto elas – ou até mais", diz Scott, 30 anos, agente imobiliário de Minnesota.

O QUE DIZER, O QUE NÃO DIZER

Diga: Oi, lindo!
Nunca diga: Oi.
Por quê? Alguma parte dentro dele ficará radiante.

Diga: Eu te amo muuuuuuuuuuuuito.
Nunca diga: Eu te amo.
Por quê? Ele precisa saber que sua paixão não diminuiu.

Diga: Meu Deus, que bíceps!
Nunca diga: Isto fica na cozinha, perto da janela.
Por quê? Fazer tarefas em casa é o mais perto que um homem chega de ser um herói.

Menos de um em cada quatro homens diz ouvir regularmente palavras positivas ou elogios de suas companheiras, embora isso seja algo que desejemos mais do que a assinatura do canal que transmite todos os jogos de futebol do fim de semana. (Você achou que não prestávamos atenção, não é mesmo?) Aqui vai nossa lista de desejos:

- **Elogios**. "Se ela quer que eu lhe diga quanto está linda no vestido que acabou de colocar, deve dizer o mesmo sobre mim quanto ao meu terno. Nenhum de nós usa esse tipo de roupa todo dia", diz Corey, 28 anos. "Vestimos essas roupas para ficar bonitos um para o outro."

- **Atenção**. "Uma mulher pode mostrar seu afeto de diversas maneiras – é ótimo quando vocês cuidam de nós. Pode ser nos dando um banho de esponja, levando o jantar na cama ou nos elogiando para outras pessoas", diz William, 35 anos.

- **Sedução**. Andrew, 32 anos, diz o seguinte: "No primeiro ano do nosso casamento, minha mulher me fez uma grande surpresa no Dia dos Namorados. Ela chamou por mim da banheira, onde a encontrei rodeada de velas e doces. Nossa!"

- **Reconhecimento da nossa masculinidade**. "Adoramos ouvir muitas vezes quanto somos fortes, sábios, sensíveis, importantes, poderosos, cultos e, mais do que tudo, amados. Caso contrário, ficamos paranóicos", diz Chris, 30 anos.

- **Incentivo**. "Gostamos de saber que estamos fazendo as coisas certas, mesmo que sejam tarefas pequenas, como jogar o lixo fora. Um sorriso, um selinho e um obrigado nos manterão felizes e cumprindo as obrigações domésticas ou qualquer outra coisa", diz Gary, 34 anos.

Você sabe como se sente quando um homem faz algo inesperado para mostrar quanto gosta de você: é como se alguém tivesse colocado uma lupa na frente do Sol. Tudo em volta parece ficar mais caloroso. Só porque o interior masculino é mais blindado do que um carro-forte, isso não quer dizer que as mulheres não possam penetrá-lo.

Então façamos um pacto: a partir de hoje, mais para vocês e mais para nós.

O que significa quando:

Ele se recusa a discutir a relação.
Para ele, falar sobre o relacionamento é como revelar receitas secretas – dizer como são feitas estraga o mistério e a diversão. Se as coisas estão indo bem, vá em frente. Caso estejam indo mal, converse sobre o problema específico, e não sobre a relação.

Já faz um mês que vocês estão saindo e tudo vai bem, mas ele ainda não tentou levar você para a cama.
Comece a fazer assinaturas de revistas de noivas. Ele acha que você é a mulher certa.

Ele convida você para conhecer a família dele.
Ele espera que você encare a situação como se fosse o primeiro encontro – usando sua inteligência irresistível, seu charme e sua elegância. Os críticos estarão a postos.

Por que preciso ficar pedindo a ele que ajude em casa?

Meu marido e eu trabalhamos fora. Houve um dia em que ele voltou para casa mais cedo do que eu. Fiquei frustrada porque, ao chegar, encontrei a maior bagunça. Reclamei daquilo e disse que ele deveria ajudar nas tarefas domésticas. Sua resposta foi que eu parasse de aborrecê-lo e que lhe desse mais crédito pelas coisas que faz. O que ele quer?

Que eu seja grata porque ele administra nossas ações? Ele não fica me elogiando cada vez que pago uma conta.

Às vezes os homens sentem que ninguém aprecia o trabalho que eles fazem, como o do cara que retira os chicletes grudados por baixo das mesas de um bar. Marc, 35 anos, agente de seguros, trabalha de 50 a 60 horas por semana. Sua mulher fica em casa com os três filhos, todos com menos de seis anos. "Sei que o trabalho dela é mais difícil do que o meu. Por isso, quando chego em casa, assumo as tarefas e faço tudo ao meu alcance para ajudar com as crianças. Para ela, isso faz parte das minhas responsabilidades, e é verdade. Mas raramente recebo um agradecimento pelas horas de descanso que proporciono a ela – ainda que eu tenha acabado de sair de uma situação estressante para entrar em outra", diz ele. Embora pareça, os homens não esperam ouvir uma salva de palmas cada vez que carregam uma bolsa pesada. Quando colaboramos para que as coisas na nossa casa funcionem da melhor forma possível, só desejamos escutar o mesmo que vocês: aquela palavra de oito letras.

Mistério masculino

70%

dos homens dizem que receber elogios regulares é importante.

Dúvida feminina

Três homens com quem saí disseram algo parecido com "Se eu quisesse ser milionário, poderia. Mas neste momento não estou concentrado em ganhar dinheiro." Por que eles são tão presunçosos? Estão fazendo um tipo?

Isso é o oposto de presunção – é insegurança. O homem que faz essa afirmação está tentando dizer que sabe que o emprego atual dele pode não ser o ideal aos olhos dos seus pais e talvez não seja a posição que ele estará ocupando daqui a dois anos. A intenção dele, na verdade, é lhe dar informações para que você tenha confiança nele, mesmo que ele não seja tão seguro assim.

Qual é o presente perfeito para um homem?

Preciso de idéias. O que um homem pode querer ganhar de aniversário? Estou saindo com um cara há quatro meses, por isso tenho que ter cuidado porque não quero escolher nada que seja impessoal, sem graça nem muito sofisticado. Alguma sugestão?

É difícil dar um palpite sem conhecer seu namorado, mas acho que os homens gostam de presentes práticos que também transmitam emoção. O que isso quer dizer? O presente perfeito é alguma coisa que não está em nenhum dos dois extremos da escala do romance (uma jóia gravada transmite muito sentimentalismo, enquanto um moletom é um presente que se dá a um irmão). O segredo, portanto, é descobrir algo que combine os dois pontos. Ryan, 32 anos, advogado, conta: "Pratico triatlo nos fins de semana – seis ou oito vezes por ano. Minha namorada encontrou meus antigos números de identificação e algumas fotos das competições. Ela organizou tudo, mandou emoldurar e me deu de presente num dos meus aniversários. Ficou ótimo! Jamais teria feito isso sozinho e agora tenho esse quadro pendurado no meu escritório."

Quando você não souber o que dar de presente ao seu namorado, sexo é sempre uma boa pedida de última hora. Mas só funciona se você estiver tão a fim quanto ele. "O pior sexo da minha vida foi quando minha namorada achou que deveríamos transar só porque era meu aniversário. O sexo tem que ser divertido, e não algo mecânico apenas porque é um dia especial", diz Mitch, 25 anos.

Mistério masculino

34%

dos homens dizem que tentam mudar para agradar às mulheres ou namoradas.

O que significa quando um homem não pára de falar sobre um assunto?

Meu namorado joga futebol. Normalmente não assisto aos jogos, ou porque tenho que trabalhar ou porque estou cansada demais. Quando a partida acaba, ele vai para minha casa – depois de algumas cervejas, é claro – e não pára de falar sobre quem deu os passes, quantos gols marcou, etc. É como ter um narrador particular descrevendo cada detalhe. Jamais o ouço tagarelar tanto assim sobre qualquer outra coisa. Como ele consegue passar 20 minutos comentando um jogo e é incapaz de dizer três palavras sobre nosso relacionamento?

Você pode achar que seu namorado está tentando receber elogios por suas proezas em campo, mas não é isso que está acontecendo. A intenção dele é fazer com que você assista aos jogos. Na verdade, o que ele quer não é falar sobre seu sucesso, e sim que você o comprove com seus próprios olhos. Todo esse falatório é um modo de expressar o que ele realmente deseja: que você apareça por lá algumas vezes.

Dominando o universo masculino: o que você já aprendeu sobre os homens

- Comentários simples sobre a aparência de um homem o desarmam – e colocam um sorriso em seu rosto.
- Em geral, os homens sentem que trabalham o tempo todo, tentando satisfazer os supervisores, os colegas de trabalho, os amigos, os vizinhos e vocês. Uma pequena palavra de aprovação que valide nosso empenho nos deixa prontos para fazer ainda mais.
- Na dúvida sobre o que dar de presente, sexo é sempre uma boa idéia. Ainda mais se vier numa embalagem sofisticada.

DIGA ISTO HOJE!

A coisa mais sexy que já disseram a Sam, 34 anos:

"Não pense mal de mim, mas eu adoro transar."

A coisa mais sexy que Maya, 24 anos, disse a um homem:

"Quero beijar seu corpo todo."

| CAPÍTULO 6 |

Por que os homens não se abrem sobre a dor emocional?

AS DIFERENTES MANEIRAS QUE HOMENS E MULHERES TÊM DE LIDAR COM O FIM DE UM RELACIONAMENTO E COMO APENAS VOCÊ É CAPAZ DE FAZER SEU COMPANHEIRO SE RECUPERAR TOTALMENTE.

Perguntamos aos homens:

Com que freqüência você pensa na mulher que terminou com você?

O tempo todo	8%
Muito	15%
Às vezes	50%
Raramente	25%
Nunca	2%

VOCÊ SE LEMBRA DA ÚLTIMA VEZ que encarou o fim de um relacionamento? Provavelmente chorou muito, se lamentou no ombro de todos os seus amigos que tiveram paciência para ouvi-la e colocou a música "de vocês" para tocar enquanto rasgava as fotos dele.

Sabe o que o seu ex-namorado fez? Saiu e encheu a cara com os amigos, disse que nem se lembrava mais de você e é quase certo que tenha começado a dar em cima de outra mulher naquela mesma noite.

Esse comportamento ajuda a revelar as principais diferenças entre homens e mulheres – e também explica por que, quatro meses depois, você já está em outra e ele continua a encher a cara e ligar para sua casa completamente bêbado.

Os homens gostam de dar a impressão de que podem se esquecer dos relacionamentos no mesmo tempo que levam para tomar uma caipirinha. Mas a maioria de nós se limita a colocar as malas embaixo da cama e não arruma nada – até que seja inevitável.

Veja o exemplo de Jonathan. Aos 27 anos, ele voltou para a faculdade para fazer um mestrado em Serviço Social. Durante o primeiro semestre, conheceu uma moça que chamarei de GS ("Garota dos Sonhos"). "GS e eu ficamos juntos em todos os segundos de cada dia durante quatro meses", conta Jonathan. "Depois ela me disse que me via mais como um amigo. Pensei: 'Amigo é alguém com quem eu saio para tomar cerveja, e não quem ensaboa minhas costas no banho.' Fala sério..."

Diante de GS, Jonathan foi forte, disse que entendia a decisão dela. Para os amigos, porém, ele se mostrou arrasado. Falava da garota o tempo todo, perguntava-se se tinha feito alguma coisa errada, criticava-se por não ter lutado mais para ficar com ela e chegou até a elaborar planos para reconquistá-la. (Comprou uma única flor no aniversário dela, três meses depois do fim do namoro, supostamente como um sinal de amizade, mas, na realidade, com a esperança de que ela percebesse como ele é uma pessoa gentil.) Por fim, voltou a sair com outras mulheres. No entanto, mesmo depois de ter dormido com duas delas, continuava a falar de GS quando tomava cerveja.

Soa familiar? Por que os caras são assim? Os homens – em especial aqueles que reconhecem um bom relacionamento quando estão num – costumam se lembrar de quanto é necessário em termos de tempo, energia, paciência e persistência para pegar uma isca, dar um nó, arremessar a linha e esperar até que a mulher certa apareça. Como levamos muito tempo tentando fisgar o próximo peixe maravilhoso, sempre nos perguntamos se ele já não teria surgido – e se o deixamos escapar.

O QUE DIZER, O QUE NÃO DIZER

Diga: Posso usar sua camiseta velha de futebol para dormir? É tão confortável.

Nunca diga: Não acredito que você ainda usa esse trapo esburacado em público.

Por quê? Aquele lixo guarda 500 lembranças preciosas.

Diga: Ela foi uma idiota em deixar você escapar.

Nunca diga: Por que você quer falar da sua ex-namorada?

Por quê? Ela não é uma ameaça, então você pode se dar ao luxo de ser magnânima.

Diga: Quero viajar para a Espanha com você e lhe mostrar meus lugares favoritos.

Nunca diga: Vamos para a Espanha. Meu ex-marido e eu tivemos momentos ótimos lá! É tão romântico...

Por quê? Você quer ir para a Espanha, certo?

Isso significa que os homens ficam obcecados por suas ex-namoradas? Em alguns casos, sim. (A pergunta que recebemos com mais freqüência na *Men's Health* é: "O que posso fazer para reconquistá-la?") O mais importante, porém, é que as mulheres não podem presumir que os homens tratem as lembranças dos seus relacionamentos passados como se fossem restos de comida – algo que se joga fora logo após a refeição. (Para Jonathan, foram 18 meses e três namoros curtos até que ele encontrasse uma garota que o fizesse tirar GS da cabeça.) Para a maioria de nós, a melhor maneira de colocar um ponto final nos

Mistério masculino

78%

dos homens admitem ter ficado doentes de paixão. (*MH*)

pensamentos sobre uma ex-namorada é ter um excelente novo relacionamento.

O que significa quando:

Ele diz que quer ir devagar.
As coisas estão bem. Não estrague tudo perguntando sem parar sobre o futuro do relacionamento.

Ele menciona que viu a ex-namorada.
Ele não quer que você se preocupe com o que poderia acontecer entre eles no futuro. Talvez por perceber que não está sendo totalmente apreciado no momento, ele esteja mostrando a você que outras pessoas já gostaram dele.

Ele não diz quase nada durante o primeiro encontro.
Ele está se apoiando na idéia de que você ficará curiosa o suficiente para querer um segundo encontro.

Por que ele não fala sobre a ex-namorada?

Já faz alguns meses que estamos namorando e ele nunca falou sobre a ex-namorada, com quem teve um relacionamento de dois anos. Na verdade, jamais disse uma palavra sobre as mulheres que passaram por sua vida. Perguntei por que eles haviam terminado e só ouvi respostas evasivas como "A relação se desgastou". Por que ele não lida com isso como um adulto?

Certa vez, saí com uma mulher que fazia exatamente isso. Perguntava tantas coisas sobre minha ex-namorada que eu me sentia um réu num tribunal. Ela queria saber como havíamos nos conhecido, como era o sexo, por que tínhamos terminado. Toda vez que íamos a um restaurante novo, mandava esta: "Você vinha aqui com *ela*?" Eu era submetido a um verdadeiro interrogatório, mas continuava de bico fechado. Por quê? Há alguns motivos para isso. É desrespeitoso da parte de um homem falar de uma noite especial que ele teve com uma mulher. Na verdade, podemos guardar boas lembranças de uma antiga paixão. Mas, se quisermos pensar nos melhores momentos que vivemos com uma pessoa, preferimos fazer isso sozinhos. Dica: quanto menos vocês falarem das nossas ex-namoradas e mais se concentrarem em nós, mais rápido nos esqueceremos daquela noite especial.

E se um homem me chamar pelo nome da ex-namorada?

Certa noite, meu marido e eu estávamos arrumando algumas coisas em casa quando ele me chamou pelo nome da ex-namorada, a mulher com quem estava antes de me conhecer, havia mais de três anos. Fiquei chocada e sei que ele se perturbou com aquilo. Não me irritei porque não foi durante o sexo nem nada do tipo, mas fiquei grilada. Será que ele ainda pensa nela? Será que ainda se encontra com ela? Será que preferiria estar com ela? Por que aquele nome surgiu assim do nada?

Houve um dia em que um dos nossos funcionários casados chegou transtornado à redação da *Men's Health*. Quando estava saindo de casa para o trabalho, ele errou o nome da mulher, Jill, e a chamou de Júlia. "Ela exigiu saber o motivo de eu ter dito Júlia. Pensa que estou tendo um caso ou que estou interessado em alguém. Ou então que estou fazendo qualquer outra coisa condenável", ele contou. Perguntamos o que havia acontecido. Ele não fazia idéia. Nunca tinha saído com nenhuma Júlia.

Entenda o seguinte: os homens sabem que existem poucos pecados piores num relacionamento do que chamar a esposa ou namorada por outro nome, seja onde for – na cama, num restaurante ou na casa dos pais dela. Então, se uma escorregadela dessas acontece, ela está provavelmente ligada a um gatilho que foi acionado involuntariamente no cérebro dele – uma cena que viu na TV, alguma coisa que leu ou qualquer detalhe que possa ter despertado a lembrança da ex-namorada. Se ele estivesse fazendo algo errado ou se estivesse com saudades de alguém, trocar nomes seria um pecado que ele tentaria ao máximo não cometer.

Dúvida feminina

Por que tão poucos homens se gabam das esposas maravilhosas que têm – seja das profissionais bem-sucedidas, seja das que possuem talento para alguma atividade? Parece que alguns caras não gostam de reconhecer o verdadeiro valor das mulheres.

Muitos homens não se sentem à vontade em se gabar das mulheres por acreditar que vão parecer exibidos. Além disso, pensam que seus amigos os acharão muito derretidos por elas. Não é certo, não é justo nem ao menos inteligente, mas é assim que a coisa funciona.

Os homens nos comparam com as ex-mulheres?

Estou saindo com um homem que foi casado por três anos. Embora não tenham tido filhos, eles se falam muito – duas ou três vezes por semana. E ele sempre a menciona nas nossas conversas. Certa vez, quando estávamos discutindo por uma coisa boba – em que vaga parar num estacionamento –, ele citou uma briga que os dois haviam tido e que fora tão banal quanto aquela. Por que será que a ex-mulher dele é sempre parte da nossa equação?

Em nossa pesquisa, um homem de 37 anos chamado Gary nos escreveu para contar que sua segunda mulher sente algo parecido – e que isso é causa de grandes brigas entre eles. "No seu modo de ver, é um desrespeito eu falar o nome da minha primeira esposa, ainda que seja para dar um exemplo de algo ruim que ela tenha feito", conta. Gary disse que estava tentando explicar (talvez da forma errada, já que ele sabe que isso irrita a mulher atual) os erros que ele e a antiga companheira haviam cometido, para que o casal pudesse evitá-los. Embora eu ache que mencionar o nome da ex-mulher seja tão romântico quanto derrubar um balde de água fria na cabeça da parceira, acredito que os homens fazem isso para mostrar que têm experiência – com mulheres, relacionamentos e conflitos –, e não como um modo de dizer que estão infelizes com as companheiras atuais.

Dominando o universo masculino: o que você já aprendeu sobre os homens

- As mulheres sentem a dor emocional profundamente por curtos períodos. Os homens sofrem de maneira crônica, longa e dolorosa.
- Se uma mulher tem um ex-namorado ou ex-marido e está pensando em retomar o relacionamento, é provável que ele também queira isso. Quando se trata de rompimentos, os homens são muito fracos.
- Caso uma mulher esteja esperando que um homem se refaça do término da última relação para só depois se envolver com ele, isso é um erro. Todos nós estamos nos recuperando – é o que fazemos. Esse cara está pronto para a próxima e, se não for com ela, será com outra mulher.

DIGA ISTO HOJE!

A coisa mais sexy que já disseram a Mike, 26 anos:

"Ninguém conhece meu corpo como você."

A coisa mais sexy que Michelle, 32 anos, disse a um homem:

"Deita aí."

O que os homens querem que as mulheres saibam sobre eles

"A maioria das mulheres não percebe que precisamos de sexo para nos envolver emocionalmente."

– Randy, 33 anos

"A intimidade é a maior fonte de excitação. Se a mulher falar sobre suas fantasias e seus desejos, o homem fará qualquer coisa para satisfazê-los."

– Wes, 39 anos

"Gostamos do que é simples e claro. Quanto mais complicada for uma coisa, menos interesse demonstraremos por ela."

– Sammy, 25 anos

"Quando vamos comprar uma calça jeans, saímos da loja somente com a calça. As mulheres acham que, porque não compramos um terno, uma camisa, uma gravata, uma carteira, meias e sapatos que combinem com o jeans, há algo errado. Sua expectativa é que pensemos da mesma maneira que elas, mas estão equivocadas."

– Lee, 28 anos

"Até mesmo enquanto dormimos, estamos prontos para fazer sexo."

– Ed, 40 anos

"Nós nos perguntamos por que de vez em quando vocês nos forçam a fazer exercícios mentais para responder a perguntas hipotéticas que homem nenhum em sã consciência responderia honestamente, a não ser que estivesse sob tortura ou ameaçado de passar a noite no sofá. Por exemplo: 'Você gostaria de dormir com alguma das minhas amigas?'"

– Ross, 42 anos

"Nunca entendemos as dicas."

– Charles, 27 anos

"Os homens são 'deficientes emocionais' – simplesmente não conseguimos nos expressar."

– Juan, 30 anos

"Choro toda vez que vejo Lois Lane descobrindo que Clark Kent é o Super-Homem."

– Kevin, 32 anos

"A maneira de chegar ao coração de um homem é fingir que ele ainda tem 12 anos."

– Richard, 44 anos

"Precisamos de tempo para brincar."

– Luke, 34 anos

"As mulheres não fazem idéia de quanto a pergunta 'No que você está pensando?' enlouquece um homem. Às vezes, não estamos pensando em nada."

– Leon, 39 anos

"Provavelmente, ele está se esforçando ao máximo. Dê-lhe crédito por isso."

– Seth, 43 anos

"Na maior parte das vezes, faremos qualquer coisa por vocês."

– Gary, 38 anos

"Se você observar os programas da TV e os comerciais, verá que eles estão cheios de estereótipos de homens idiotas. Quase todas as comédias envolvem um homem fazendo papel de imbecil diante dos filhos ou da mulher. Os homens recebem constantemente a mensagem de que não precisam ser inteligentes nem atenciosos, que as mulheres cuidam disso. Assim elas entram num relacionamento sem nenhuma expectativa de encontrar um homem de verdade."

– Carter, 45 anos

"Estamos sempre com medo de ter feito algo errado."

– Nelson, 44 anos

"Fazemos coisas idiotas por diversão."

– Larry, 28 anos

"Queremos tomar conta da nossa mulher da melhor forma possível. E somos um pouco toscos. O papel de um homem é ser provedor, protetor e pai."

– Evan, 31 anos

"Vou falar sobre o controle remoto. Não queremos nos sentar diante da TV e ficar ali mudando de canal. É que não temos escolha. Há milhares de anos, os ancestrais humanos eram caçadores e coletores. Os homens eram os caçadores. O trabalho deles? Correr como loucos nas matas atrás de animais que eles matavam para alimentar a família. Portanto, somos predispostos geneticamente a olhar para várias coisas ao mesmo tempo – é como se estivéssemos correndo numa floresta. Funcionamos na base do movimento. As mulheres, por outro lado, eram as coletoras. O trabalho delas? Andar na maior calma entre as árvores e descobrir quais frutas estavam maduras e boas para o consumo. Elas faziam isso avaliando e comparando cores, cheiros e tamanhos. O que isso significa? Os homens acabaram gostando de caçar, praticar esportes, mudar de canais, assistir a videogames – enfim, de qualquer coisa com muita ação. As mulheres, com sua tendência genética a comparar cores, cheiros e tamanhos, acabaram gostando de... fazer compras."

– Hal, 44 anos

"Não somos criaturas complicadas. As coisas mais importantes para nós são comida, sexo e esportes (não necessariamente nessa ordem). Tentem não analisar demais tudo o que fazemos ou dizemos. Na maioria das vezes, somos diretos com as palavras. O fato de olharmos para outra mulher não quer dizer que vamos dormir com ela. Sim, vamos fazer besteiras. E temos dificuldade em pedir desculpas. É preciso que vocês nos dêem tempo e oportunidade para nos retratarmos do nosso jeito."

– Frank, 38 anos

"Acho que as mulheres sentem o amor de uma forma mais cor-de-rosa. Certa noite, eu estava saindo do cinema com minha noiva e comecei a sentir um enjôo. Ela colocou os braços em volta do meu pescoço e me perguntou no que eu estava pensando. Respondi que estava me esforçando para não vomitar. Mesmo sabendo que eu estava passando mal, ela disse: 'Ah, não era essa a resposta que eu estava esperando.' Enquanto íamos para o carro, ela ficou admirando a lua cheia e pensou que eu estivesse fazendo a mesma coisa. Achou que eu fosse mencionar isso de um jeito romântico, mas não havia como – eu estava passando mal."

– Sam, 37 anos

"Não nos importamos se a calcinha combina com o sutiã."

– Bill, 27 anos

| CAPÍTULO 7 |

Como fazer com que seu companheiro se concentre em você

ENTENDA POR QUE OS HOMENS SÃO MUITO MAIS MALEÁVEIS DO QUE VOCÊ IMAGINA E SAIBA COMO TRANSFORMAR A MATÉRIA BRUTA AO SEU LADO NO HERÓI DOS SEUS SONHOS.

Perguntamos aos homens:

Qual é sua fantasia sexual preferida?

(Os participantes podiam escolher mais de uma opção.)

Ser um paciente; ela, a enfermeira	68%
Ser um aluno; ela, a professora	62%
Ser um professor; ela, a aluna	55%
Ser um paciente; ela, a médica	52%
Sermos dois desconhecidos	50%
Ser o chefe; ela, uma funcionária	49%

É VERDADE QUE NO INÍCIO da nossa vida sexual éramos criaturas bastante egoístas. Talvez isso tenha começado no ensino médio, quando a única mulher que precisávamos satisfazer era uma que não exigia muito de nós – aquela que, não importava o que fizéssemos, estava sempre sorrindo no pôster pendurado na parede do nosso quarto. Pode ser que tenha continuado na faculdade, onde nossa atenção estava voltada para descobrir como – e quantas vezes – conseguiríamos transar. Agora que estamos mais velhos, redirecionamos nosso egoísmo de tal maneira que, para muitos de nós, as melhores experiências sexuais têm mais a ver com satisfazer os desejos de vocês – e nosso ego – do que nosso corpo.

De fato, 49% dos homens disseram que sua melhor experiência sexual aconteceu quando eles foram capazes de dar um prazer físico excepcional a uma mulher. Ao mesmo tempo que queremos que vocês sejam sexualmente atrevidas, criativas e nos impressionem com seus lábios e dedos, baseamos nossa identidade sexual no fato (ou na esperança) de que podemos fazer o mesmo por vocês.

A seguir, os relatos de alguns homens:

- **"O melhor sexo que já fiz foi com minha atual namorada, na nossa primeira vez. Não tínhamos idéia do que esperar um do outro, mas eu sabia exatamente o que queria fazer com ela. Toda a atenção que lhe dei e minha falta de egoísmo a deixaram louca"**, diz Brian, 29 anos.

- **"O melhor foi quando eu a fiz ter sete orgasmos em menos de 30 minutos"**, diz Evan, 34 anos.

- **"Meu principal objetivo sexual é que a mulher tenha um orgasmo maravilhoso. Sei que vou gozar, então quero ter certeza de que ela também vai. Na realidade, prefiro fazer sexo oral a receber, me excita muito mais"**, diz Jayson, 30 anos.

- **"Nós dois tínhamos filhos de outros casamentos, por isso era difícil ficarmos sozinhos. Na segunda vez que transamos, fomos na minha van a um lugar deserto e curtimos uma noite maravilhosa. Fiz**

com que ela tivesse quatro orgasmos (o maior número que já havia tido numa só noite, segundo me disse). Ela ficou muito impressionada com a maneira como usei minha língua e meus dedos em seu corpo. Aquela mulher também me impressionou. Sexo depois dos 40 anos é ótimo", diz Rick, 42 anos.

- **"Amo fazer sexo oral nela. Adoro ver suas reações a tudo que faço. A sensação de que estou sempre lhe dando prazer é o que torna a transa tão gratificante"**, diz Brock, 29 anos.

- **"Viajamos num fim de semana para um lugar em que havia uma Jacuzzi e uma lareira. Antes mesmo de desfazermos as malas, eu a despi e a coloquei apoiada no sofá, de bruços. Com o fogo aceso ao fundo, beijei toda a parte de trás do seu corpo, depois a virei e beijei toda a frente. Em seguida, fiz sexo oral até ela ter um orgasmo"**, diz Rudy, 40 anos.

- **"A coisa mais bonita para um homem é ver a mulher que ele ama ter um orgasmo"**, diz Matthew, 32 anos.

- **"Ela me fez ler um livro erótico do início do século XIX enquanto fazia sexo oral em mim. Depois ficou por cima e eu continuei a ler até que não consegui mais me segurar"**, diz Cameron, 29 anos.

O QUE DIZER, O QUE NÃO DIZER

Diga: Vamos sair!

Nunca diga: Se estiver a fim de fazer alguma coisa, me liga.

Por quê? Se você estiver a fim, ele também vai estar.

Diga: Quantas mulheres vou ter que superar para que possamos formar um casal?
Nunca diga: Quero exclusividade.
Por quê? Conversas sérias não precisam ser sérias.

Diga: Vamos para as ilhas Maldivas nas férias? Podemos mergulhar com as arraias-gigantes.
Nunca diga: Vamos sair de férias juntos.
Por quê? Ele não saberá dizer se quer ir até que você descreva o que vai acontecer.

Concluindo: nós sentimos prazer quando vocês sentem prazer. Porém, é claro que nosso lado aparentemente altruísta tem uma contraparte egoísta. Ao satisfazê-las, acreditamos consolidar nossa posição na sua lista dos melhores de todos os tempos. (Vocês fazem esse tipo de lista, não é?) E, quando lhes damos prazer, estamos antecipando o grande prêmio: a retribuição.

Só há um problema. Sabemos que o corpo feminino não é como um teclado. Não podemos apertar os mesmos botões na mesma ordem e esperar o mesmo tipo de resultado. Estamos cientes de que vocês reagem aos estímulos de maneiras diversas, mas nem sempre sabemos o que preferem em termos de velocidade, pressão, umidade, duração e todas as outras variáveis que podem deixá-las extremamente felizes.

O que significa quando:

Ele fica com ciúmes quando você sai com suas amigas.

Ele não está preocupado com o que você vai fazer. O que o deixa louco é a idéia de que outros homens vão olhar para você, falar com você, oferecer-se para lhe comprar uma bebida e ainda vão ficar imaginando qual é a cor do seu sutiã.

Ele não sabe ou não quer dançar.
Dançar é como falar em público. Ele odeia a possibilidade de parecer ridículo – especialmente porque você dança tão bem.

Ele se esquece do seu aniversário.
Ele sabe que fez uma grande besteira – e ficará se punindo por muito tempo.

É por isso que queremos que vocês nos ajudem.

Terry, 27 anos, estava saindo com uma mulher havia quase nove meses. No início, o sexo era ótimo, mas, com o passar do tempo, ele notou que ela já não estava tão empolgada quanto antes. Então lhe perguntou se estava cometendo algum erro. "Ela disse que não, que eu estava fazendo tudo certo, só que não estava mais tendo os mesmos orgasmos – ou pelo menos os que eu imaginava que vinha lhe dando. Depois, acabei me perguntando se no início ela não estava fingindo", diz Terry. "Só existem duas possibilidades: ou eu passei a pisar na bola no fim do relacionamento ou estava errando desde o princípio. De qualquer forma, gostaria de saber. Por favor, acima de tudo, não finjam ter orgasmos. Não vamos acertar nunca se vocês mentirem sobre aquilo que não estamos fazendo direito."

A verdade é que somos bons em interpretar mapas. Chegamos ao destino pretendido observando as placas, usando nosso senso geral de direção e, como vocês sabem, sem pedir ajuda a ninguém. Porém, não importa quanto exploremos a topografia do corpo feminino, sabemos que os pontos em que vocês gostam de ser tocadas, assim como o modo como preferem que façamos isso, mudam de uma noite para outra. Então, admitimos: precisamos de ajuda. Não é necessário que gritem, apenas indiquem a direção em que devemos navegar.

Mistério masculino

71%

dos homens admitem que gostariam de conseguir manter relações sexuais mais longas. (*MH*)

Dúvida feminina

Por que ele não faz sexo oral em mim com mais freqüência?
Se você ficar simplesmente deitada em silêncio, ele não saberá que você gosta disso. Você precisa gemer, suspirar, pedir "mais" e dizer que está louca por uma reprise. Depois que você abrir sua boca para falar do que gosta, ele também abrirá a dele.

Como posso ensiná-lo a ser melhor na cama?

Meu namorado transa como se fosse um robô, é muito mecânico. Tenho medo de lhe dizer isso porque ele vai entender essa observação como uma grande crítica. Além disso, caso eu lhe diga o que desejo que ele faça, tenho certeza de que pensará que sou uma mulher altamente experiente que já dormiu com muitos homens. O que devo fazer para que ele siga na direção que quero sem deixá-lo constrangido por seu desempenho nem desconfiado do meu passado?

Você tem três escolhas. A primeira é encarar uma conversa desagradável com ele. A segunda é permanecer insatisfeita com sua vida sexual. Essas duas opções não são nada atrativas: seu namorado não quer ouvir que você sabe exatamente o que a excita e que ele não está fazendo isso, enquanto você não quer viver sem desfrutar do sexo ao máximo. No entanto, ainda que uma palestra sobre como estimular o corpo feminino possa deixar qualquer homem se sentindo incompetente e envergonhado, estamos abertos à possibilidade de sermos treinados – desde que vocês façam isso com suavidade. Essa é a terceira opção.

Benjamin, 25 anos, gerente de uma loja de artigos musicais, teve uma namorada por dois anos. Após o término do relacionamento, ele começou a sair com outra mulher, com quem passou a fazer as mesmas coisas que já tinham funcionado para ele antes.

"Depois da nossa terceira vez, ela pegou minha mão, colocou-a um pouco mais para baixo e gemeu", ele diz. "Era tudo de que eu precisava – só uma pequena ajuda para me colocar na direção certa." Seu namorado aceitará suas instruções com muito mais facilidade se você deixar que seus dedos façam o trabalho. Ou então use a respiração para dar as dicas. "Quando for bom, diga 'Hummmmmm!' ou 'Aaaaaaah!'. Se nós não soubermos o que é bom ou ruim, continuaremos fazendo as mesmas coisas, todas as vezes", diz Louis, 28 anos.

E se eu não tiver orgasmos? Como fazer com que ele se acostume com essa idéia?

Não tenho orgasmos. Nunca tive. Meu marido acha que isso acontece porque ele não é um bom amante. Já tentei explicar que o amo, que gostaria muito de ter orgasmos e que a culpa não é dele. Mas parece que ele está tomando esse assunto como uma missão – está determinado a me fazer gozar, o que provavelmente só piora as coisas. O que devo fazer para que ele relaxe, consiga aproveitar a relação sexual e pare de se preocupar com meu orgasmo?

É difícil criticar um homem por tentar dar prazer a uma mulher, mas acho que você deve dizer ao seu marido que, quanto mais ele estiver concentrado no seu orgasmo, mais pressão colocará sobre você. E, quanto mais pressão você sofrer, menos coisas sentirá. Ele precisa relaxar. Sei que o que vou dizer pode soar como um jeito errado de ajudá-lo, no entanto esta é minha idéia: na próxima vez que vocês estiverem na cama, não deixe que ele faça nada. Estabeleça que dar prazer a ele será sua missão. Enlouqueça, assuma o comando sobre o corpo dele. Isso não quer dizer que seu marido mereça mais atenção do que você nem nada do gênero. É que dessa forma você o ajudará a relaxar para que ele pare de se preocupar e comece a aproveitar o sexo, permitindo que você faça o mesmo.

Como fazer para que ele vá mais devagar – e eu mais depressa?

Às vezes meu namorado é meio rápido. Não extremamente rápido como se tivesse um problema de saúde, mas eu gostaria que ele demorasse um pouco mais. Para eu atingir o orgasmo, preciso que a relação seja mais longa. O fato de ele se excitar tanto a ponto de não conseguir segurar me deixa lisonjeada, porém o ideal seria que se esforçasse mais. Alguma sugestão?

Sim: façam sexo com mais freqüência. Ou encoraje-o a se masturbar algumas horas antes de vocês terem relações. "Minha melhor transa foi quando fizemos sexo duas vezes em menos de uma hora e na segunda vez eu agüentei muito tempo", diz Pedro, 34 anos. Mas lembre-se também de que os homens não têm o mesmo controle quando estão ansiosos. Seu namorado vai demorar mais para chegar ao orgasmo se vocês dois diminuírem o ritmo e passarem alguns momentos escolhendo uma música, acendendo velas e tendo longas sessões de preliminares.

Mistério masculino

56%

dos homens dizem que fariam qualquer coisa para satisfazer suas namoradas ou mulheres.

Dominando o universo masculino: o que você já aprendeu sobre os homens

- Na cama, nossa prioridade é fazer com que a mulher goste do sexo. Um dos efeitos colaterais é que isso também nos traz satisfação pessoal.
- Como nosso corpo não funciona como o das mulheres, precisamos de um manual de instruções que nos diga, com muita delicadeza, de que modo vocês querem ser estimuladas. Nesse caso, ações valem mais do que palavras.
- Quanto mais relaxado um homem estiver, melhor será seu desempenho na cama.

DIGA ISTO HOJE!

A coisa mais sexy que já disseram a Barry, 38 anos:

"Vamos acabar logo com isso para você não perder o segundo tempo do jogo."

A coisa mais sexy que Eva, 31 anos, disse a um homem:

"Nossa, faz isso de novo!"

| CAPÍTULO 8 |

O que o silêncio dele significa?

O SILÊNCIO DO SEU PARCEIRO DIZ MAIS DO QUE VOCÊ PENSA – APRENDA A LER SEUS SENTIMENTOS, SEJA QUAL FOR O ESTADO DE ESPÍRITO EM QUE ELE ESTEJA.

Perguntamos aos homens:
Com que freqüência sua namorada ou
mulher acusa você de não escutar o que ela diz?
(Os participantes podiam escolher mais de uma opção.)

Todo dia	8%
Toda vez que brigamos	21%
Só quando ela fica irritada com alguma coisa	28%
Quando eu fico trocando de canal enquanto ela fala	23%
Outras vezes	19%
Nunca	30%

QUASE UM EM CADA TRÊS HOMENS DIZ que a parceira nunca os acusa de não escutá-las. Mais uma vez, é possível que eles não estivessem ouvindo...

Talvez você conheça alguns homens que gostam de falar. Eles se manifestam sobre qualquer coisa, mudam de assunto e continuam em frente, sem pausa. Mas a maioria de nós não é assim. Em geral, mantemos o bico fechado, e nossas conversas são curtas. Isso não significa que não escutamos o que vocês estão dizendo. Também não quer dizer que estamos cansados demais nem que estamos muito ocupados selecionando os programas de TV a que pretendemos assistir.

Fazemos isso porque somos *cuidadosos*.

Sabemos que as mulheres ouvem com mais atenção do que os homens. Portanto, temos consciência do poder que nossas palavras têm de machucar, confundir, enlouquecer e frustrar vocês. Queremos nos certificar de que o que vamos dizer é exatamente o que queremos dizer – e que vocês irão entender. Às vezes, isso corresponde a uma breve hesitação para encontrar a palavra certa, outras vezes significa que vamos precisar do tempo de um filme inteiro para dar uma resposta adequada. É melhor do que a outra opção.

"Minha mulher trabalha meio expediente e fica com nossos filhos no restante do tempo. Certa vez, ela me perguntou o que eu achava melhor: que trabalhasse em tempo integral ou que pedisse demissão e se dedicasse totalmente às crianças", conta Todd, 43 anos, executivo de uma editora. "Eu tinha que pensar sobre o assunto. Dinheiro não era problema, mas primeiro eu precisava sentir o que ela queria. Se eu respondesse que seria melhor que ficasse em casa, sei que ela pensaria que não dou importância à sua carreira. Acabei dizendo que ficaria contente com as duas situações e que ela deveria fazer o que preferisse. E era verdade. Mesmo assim, ela reclamou dizendo que aquela não era uma boa resposta."

O QUE DIZER, O QUE NÃO DIZER

Diga: Vem cá, me dá um abraço.

Nunca diga: Vamos conversar.

Por quê? Na maioria das vezes, funciona melhor.

Diga: Talvez seja melhor esperarmos para discutir isso daqui a uma hora.

Nunca diga: Você não está me escutando.

Por quê? Ele não está escutando porque precisa de espaço para pensar.

A verdade é que não estamos tentando ser politicamente corretos nem indiferentes quando pensamos com toda a cautela sobre o que vamos dizer. Sabemos que já fizemos observações idiotas no passado e não queremos repetir o erro. Portanto, quando seu namorado ou marido ficar pensando antes de falar, lembre-se de que talvez isso não signifique que ele não tenha ouvido suas palavras, e sim que sabe que você está prestando atenção.

O que significa quando:

Ele solta grunhidos durante o sexo.
Quando você começar a ouvir imitações de animais da selva, é um sinal de que ele está ficando mais comprometido emocionalmente – ele confia em você o suficiente para não tentar abafar os sons que faz durante o sexo.

Ele solta grunhidos enquanto assiste a um jogo.
A partida está disputadíssima. Espere por um intervalo ou pelo fim do jogo para falar sobre a pintura da casa.

Ele diz "nada" quando você pergunta qual é o problema.
Ele tem quatro projetos para entregar, um supervisor idiota, está frustrado por ter engordado 5kg e está ficando desesperado porque não consegue conectar o laptop à internet. Mas não quer falar sobre isso (nem sobre qualquer outra coisa) até que tenha sido capaz de resolver pelo menos dois terços dos problemas.

Por que os homens não nos dão opiniões honestas?

Certa noite, experimentei três combinações de roupas e perguntei ao meu namorado qual delas ele preferia. Ele disse que havia gostado de todas, que eu tinha ficado perfeita em cada uma delas. Sua resposta não poderia ter sido mais gentil, mas não ajudou em nada. Se ele é meu namorado, também precisa cumprir o papel de amigo. Quero que seja honesto para que eu possa confiar na opinião dele. Por que ele não diz o que está pensando?

Você diz que gostaria que ele fosse seu amigo, porém um homem não pode exercer todas as funções sem correr o risco de ser alvejado. Há certas coisas que ele não deve responder com honestidade – para a própria proteção. "Uma vez eu disse à minha namorada que uma calça não ficava muito bem nela. Mas fiz essa observação de uma maneira delicada – apenas mencionei que outra calça lhe caía melhor", conta Devin, 26 anos. "Mesmo assim, ela deu um ataque, dizendo que eu deveria amá-la independentemente da sua aparência e das suas roupas. Tentei explicar que eu não me importava com aquilo e que só achei que ela iria querer uma opinião honesta antes de sair. Pois é, parece que eu estava enganado." E há mais um detalhe: nas questões de menor importância, preferimos acatar a opinião das mulheres. Já no que se refere a deixar vocês decidirem em relação a todas as coisas, isso acontece por dois motivos: ou achamos que nosso pensamento não será levado em conta ou não temos opiniões fortes sobre o assunto e permitimos que vocês decidam, caso estejam dispostas a isso. Se você quer que seu namorado participe mais, será preciso lhe entregar as chaves das algemas que ele está usando.

Dúvida feminina

Quando começamos a namorar, ele gostava de sair, mas agora só quer ficar no sofá todas as noites. Por quê?

Um carro com 100.000km rodados provavelmente já passou por estradas bastante ruins. Nesse estágio, ele precisa ficar um tempo na garagem.

Por que os homens tentam sair pela tangente quando sabem que estão errados?

Certa vez, eu e meu marido tivemos uma briga séria enquanto decidíamos com que família passaríamos as festas de fim de ano. Ele acabou xingando minha mãe de vaca controladora, e nós nem conseguimos terminar a conversa. No dia seguinte, em vez de simplesmente me pedir desculpas, ele me mandou um e-mail reconhecendo que estava errado e explicando o que tinha tentado dizer. Foi bacana ele ter se retratado, mas a atitude de fazer isso por e-mail demonstrou covardia da parte dele, você não acha? Ele deveria ter tido coragem de me pedir desculpas olhando nos meus olhos.

Antes de nos concentrarmos no que você acha que ele fez de errado, vamos falar sobre as coisas positivas que aconteceram nesse caso. Por exemplo, seu marido admitiu que agiu mal e se desculpou. Mais importante ainda: esforçou-se para escrever exatamente o que estava sentindo. É verdade, ele deveria ter sido capaz de conversar sobre o problema, mas, se você estava irritada, talvez ele tenha sentido que não poderia dizer tudo o que gostaria sem ser interrompido. Além disso, não podemos presumir que ele tenha usado o e-mail como um modo de ignorar o conflito e encerrar o assunto. Talvez essa tenha sido uma forma de acalmar vocês dois – para que a conversa ainda possa ser retomada.

Mistério masculino

88%

dos homens dizem que não têm a menor idéia de como as mulheres pensam ou agem.

O que significa quando ele não me responde?

Um dia falei com meu namorado sobre o rumor de que a empresa em que trabalho iria demitir cerca de 12 pessoas. Depois perguntei a ele: "Você acha que devo me preocupar com isso?" Houve uma longa pausa. Insisti: "Você ao menos escutou o que eu disse?" Tenho a impressão de que isso acontece o tempo todo – é como se ele nunca estivesse ouvindo. Às vezes nem parece uma conversa. Falo e espero, falo e espero. Por favor, me diga que ele não é tão desinteressado quanto parece.

Quando você apresenta uma situação como essa a um homem, os neurônios dele reagem avaliando três pontos: o que ele quer dizer, o que você quer escutar e o que ele acha que você precisa ouvir. Em alguns casos, as três coisas são iguais; às vezes, não. Portanto, se ele faz uma pausa mais longa, não é porque está prestando atenção em outra coisa. "Às vezes, não sei se devo dizer a ela que não se preocupe ou se é melhor lhe explicar como acho que deve lidar com o assunto", afirma Zachary, 36 anos. "Procuro dar o apoio necessário e também uma opinião útil, mas nem sempre as duas coisas são possíveis." Nosso instinto masculino é tentar resolver o problema, porém a experiência nos diz que vocês preferem falar sobre ele a ouvir a descrição do plano que temos para solucioná-lo. De algum modo, nos esforçamos para juntar as duas coisas.

Dominando o universo masculino: o que você já aprendeu sobre os homens

- O silêncio de um homem não significa falta de sinceridade.
- Ao formularmos uma resposta para um problema, uma pergunta ou uma crítica, buscamos algo que não vá magoar vocês – nem a nós.
- Não fiquem esperando por um cara que fale pelos cotovelos. Os homens preferem usar as ações para mostrar que se importam, e não as palavras.

DIGA ISTO HOJE!

A coisa mais sexy que já disseram a Harris, 40 anos:

"Miau."

A coisa mais sexy que Cindy, 31 anos, disse a um homem:

"Há um quarto escuro depois daquele canto ali."

| CAPÍTULO 9 |

Qual é a diferença entre paquerar e trair?

VOCÊ PODE SER A MULHER FAVORITA NA VIDA DE UM HOMEM, MAS ISSO NÃO SIGNIFICA QUE SEJA A ÚNICA. AQUI ELES CONFESSAM SUA ATRAÇÃO POR OUTRAS MULHERES – E O QUE ACONTECE QUANDO ESSE SENTIMENTO FOGE AO SEU CONTROLE.

Perguntamos aos homens:

Quais das situações descritas abaixo você considera uma traição a uma namorada ou esposa?

(Os participantes podiam escolher mais de uma opção.)

Uns amassos e sexo oral sob efeito do álcool	92%
Um encontro com uma pessoa desconhecida	89%
Um encontro com uma parceira do chat de sexo on-line	82%
Jantar com uma antiga paixão	59%
Cantadas por telefone	56%
Sair para beber com uma colega de trabalho atraente	46%
Procurar por uma ex-namorada no Google	20%

NÃO, NEM PERCEBI. É aquela com a blusa verde curtinha colada no corpo, seios perfeitos, jeans de cintura baixa, calcinha aparecendo atrás, os cabelos mal tocando os ombros e uma barriga de tanquinho? Essa? Realmente não vi.

Detestamos admitir isso, porém vocês sabem. É verdade: olhamos para outras mulheres. Sim, a imagem de algumas delas ficam automaticamente guardadas em nossos arquivos mentais. Cerca de quatro em cada cinco homens admitem fantasiar com outras mulheres mesmo estando num relacionamento. Quer detalhes? Bem, 18% de nós fantasiam com pessoas famosas, 30% com alguém que costumam ver mas que não conhecem, 28% com uma amiga ou conhecida e 14% com uma ex-namorada.

Apesar de tudo isso, o que importa é: amamos a mulher com quem estamos.

O QUE DIZER, O QUE NÃO DIZER

Diga: Este lugar está cheio de gente bonita, não é?

Nunca diga: Você estava olhando para aquela garota?

Por quê? Todo mundo olha para pessoas bonitas, inclusive você.

Diga: Parece que aquela mulher ali tem uma queda por você. Não posso culpá-la. Mas você é só meu, todo meu.

Nunca diga: Vi o jeito como aquela perua estava sorrindo para você. O que significa isso?

Por quê? Ele merece o benefício da dúvida. E, se você agir de maneira competitiva, porém bem-humorada, será sexy. Caso mostre um ciúme louco, será um horror.

Diga: Seu relacionamento com ela me incomoda.

Nunca diga: Aquela perua vai estar lá?

Por quê? Se você disser quais são os comportamentos que a aborrecem, ele pode deixar de adotá-los.

Talvez para vocês pareça impossível que sejamos capazes de separar os olhos dos sentimentos. Pode ser que imaginem que o fato de olharmos para outra mulher, pensarmos em outra mulher ou falarmos com outra mulher contenha uma mensagem sobre o nosso relacionamento com vocês. Se reparamos em outras, é porque devemos estar infelizes. Se tentamos imaginar, mesmo que por um instante, como uma garota é nua, é porque não estamos satisfeitos com vocês. Se trocamos sorrisos com a vendedora da loja, só pode ser porque queremos sair voando do relacionamento. Contudo, para os homens, é fácil separar uma coisa da outra – na maioria das vezes, elas têm pouco a ver entre si. Conseguimos estabelecer uma divisão entre vocês e as demais mulheres. Veja o que os participantes da pesquisa disseram:

- **"Pensamos em fazer sexo com sua irmã, sua prima, sua tia, a atendente da lanchonete, a moça atarracada que está ao seu lado na esteira da academia. Só não levamos nada adiante. Mas que pensamos sobre isso, pensamos"**, diz Rodger, 39 anos.

- **"Temos dois lados – o do marido/namorado dedicado e o do homem que olha para todas as mulheres. O lado dedicado vence, no entanto o outro está sempre ali"**, diz Richard, 28 anos.

- **"Pensar em sexo e olhar para outras mulheres são coisas que não podemos controlar. Isso vem do nosso cérebro reptiliano – é um instinto primitivo e poderoso. Há momentos em que gostaríamos que ele não existisse. Sem dúvida, isso deixaria nossa vida mais fácil"**, diz Darin, 30 anos.

- **"É da natureza dos homens olhar para outras mulheres, ainda que sejamos mais fiéis do que um *golden retriever*"**, diz Mike, 33 anos.

Num dia comum, interagimos com uma dúzia de mulheres, e cada uma delas é capaz de nos oferecer coisas diferentes. Uma colega de trabalho pode suprir nossa necessidade de termos alguém que entenda o que nos incomoda no emprego. Uma estagiária talvez nos dê a satisfação de sermos úteis transmitindo nosso conhecimento. Uma garçonete que nos paquera pode nos proporcionar uma atenção especial que já não recebemos há algum tempo. Nossa cabeleireira talvez nos garanta um momento (ainda que pago) de mimos. Isso quer dizer que estamos a dois minutos de levá-las para o motel mais próximo? É pouco provável.

Mistério masculino

47%

dos homens acham que aventuras de uma noite são degradantes. (*MH*)

O que significa quando:

Ele paquera outra mulher na sua frente.
Por acreditar que você não está lhe dando o devido valor, ele quer mostrar que tem outras opções. Embora não esteja interessado nelas, quer que você veja que elas estão disponíveis.

Ele olha para outras mulheres.
Ele é um homem sadio e normal.

Ele deixa uma gorjeta de 25% para uma garçonete bonita.
Um bom atendimento vale 20%. Poder apreciar uma obra de arte vale mais 5%.

Keith, 39 anos, consultor de gerenciamento no Oregon, está casado há sete anos. Ele admite que olha para outras mulheres e até que paquera, se tiver chance. Mas nunca pulou a cerca – e diz que jamais considerou essa possibilidade. "Meus amigos sempre se perguntam como posso ser tão simpático e galanteador com outras mulheres. Para mim, no entanto, nem existe a possibilidade de eu trair minha esposa", garante. "Posso até pensar em como se-

Mistério masculino

21%

dos homens dizem que amam platonicamente uma amiga.

ria estar com outra pessoa, porém não me deixo envolver por essa idéia e, quando chega a hora de agir, vejo que não tenho por que destruir meu casamento e minha família por algo assim."

Obviamente, alguns homens traem suas parceiras, da mesma forma que algumas mulheres também fazem isso. E o perigo está nas interações inocentes que se transformam em ações cheias de culpa. Não estou dizendo que os homens não pulam a cerca, e sim que muitos deles se mantêm à distância de outras mulheres que participam da sua vida porque elas são vistas como potenciais ameaças, amantes e destruidoras de casamentos. A verdade é que aquilo que elas nos oferecem – seja durante alguns minutos no trabalho ou por alguns segundos enquanto atravessam a rua na frente do nosso carro – não é nada comparado ao que esperamos de uma relação com nossa companheira.

Quando devo sentir ciúme das colegas de trabalho dele?

Meu namorado trabalha num escritório onde 75% dos funcionários são mulheres. Sei que ele tem alguns colegas homens, mas, todas as vezes que pergunto com quem ele foi almoçar, os nomes de três ou quatro mulheres sempre aparecem. Tento não sentir ciúme, porém admito que não fico feliz com a idéia de que ele passa o tempo de trabalho – e algumas horas fora do escritório, em almoços, happy hours e festas – com tantas mulheres. Ele diz que são só amigas e que não tem interesse em ninguém além de mim. Como saber se é verdade?

Seu ciúme pode ter fundamento, por isso não vou dizer que não há motivo para preocupação. Eu mesmo ficaria com a pulga atrás da orelha se minha namorada trabalhasse num escritório cheio de tubarões prontos para atacar. Sejamos honestos – o ambiente de trabalho é onde muitas pessoas criam laços afetivos por conta de chefes detestáveis, café ruim e boas fofocas. Mas isso não quer dizer que seu namorado cante todas as colegas dele. Trent, 31 anos, executivo da área de propaganda, é funcionário de uma empresa onde há muitas mulheres bonitas. E ele compartilha projetos com uma delas. "Depois de conhecê-las num evento, minha esposa ficou morta de ciúme. Ela perguntou o motivo de eu jamais ter mencionado essas mulheres, principalmente minha parceira nos projetos. Nunca tinha dito nada porque imaginei que se sentiria enciumada – no entanto, ela acabou ficando desconfiada do mesmo modo. Agora me refiro às minhas colegas como faria em relação a qualquer homem com quem trabalho", diz ele. Essa é uma das maneiras de verificar se um homem continua nos trilhos. Como ele pode relutar em falar sobre outras mulheres, a melhor coisa a fazer é observar como ele reage quando todos estão juntos. Repare se ele a apresenta a essas pessoas. Vocês todos conversam ou uma delas parece se afastar quando você está por perto? Se o seu companheiro não se importar com o fato de você as conhecer melhor, são boas as chances de que ele próprio não esteja fazendo isso.

Quando devo ter ciúme de outras mulheres?

Moro com meu namorado e por isso usamos o mesmo computador. Uma vez, logo após ele ter saído, notei que a caixa de entrada do e-mail dele estava aberta. Não li nenhuma das mensagens, mas vi o nome de duas de suas ex-colegas de faculdade. Quero respeitar a privacidade dele, porém ele nunca mencionou que ainda tem contato com elas. Não sou paranóica, apenas não pretendo fazer papel de boba. Se eu confrontá-lo com esse fato, tenho certeza de que ele vai dar aquelas explicações típicas – que foram elas que o procuraram, que ele me ama e blablablá. Qual é a verdade por trás disso?

Já viu os homens entrando no mar? Alguns vão com tudo, pulando por cima das ondas e mergulhando de cabeça. Outros andam devagar, sentindo a temperatura da água e se molhando aos poucos. Algumas vezes, seguem até o fundo; outras vezes, dão meia-volta. Quando se trata de outras mulheres que existem em sua vida, alguns homens só querem molhar os pés – nada mais –, não têm nenhuma intenção de ir em frente. "Uma vez, tentei descobrir o e-mail de uma garota por quem eu era apaixonado na escola. Encontrei o endereço e mandei uma mensagem de uma linha para ela – 'E aí, como vão as coisas?'", diz Christopher, 34 anos, casado e gerente de hotel no Arizona. "Ela respondeu. Trocamos alguns e-mails e ficou por isso mesmo. Eu não estava a fim de nada. Só tive vontade de localizá-la e falar com ela." Christopher diz que nunca contou esse fato para a esposa. Embora não considere isso uma traição, ele acha que ela não entenderia sua atitude e que, provavelmente, ficaria magoada. Não posso afirmar se seu namorado está apenas molhando os pés ou mergulhando de cabeça nas ondas da infidelidade, mas você fez a coisa certa – respeitou a privacidade dele. Como não abriu nenhuma mensagem, acho que tem todo o direito de dizer-lhe o que viu. Se ele não estiver aprontando, não terá com o que se preocupar. Mas, caso esteja passando dos limites, saberá que você está a par da verdade.

Ele disse:

Com que freqüência os homens olham para outras mulheres quando estão acompanhados da esposa ou namorada?

Se a oportunidade aparecer, eu aproveito 53%
Apenas em casos extremos ou se eu estiver
de óculos escuros 28%
Nunca, quero preservar minha integridade física 19%

Devo ter ciúme da tralha erótica que ele vê escondido?

Achei revistas e filmes eróticos que meu namorado esconde. Nada pesado demais, mas fiquei aborrecida assim mesmo. Nossa vida sexual é

saudável, e eu não sou ingênua ao ponto de pensar que ele não se masturba de vez em quando. O que essa coleção pornô diz sobre ele – ou, mais importante, sobre mim?

A única coisa que isso diz sobre seu namorado é que ele é como qualquer outro homem. Ele gosta – prepare-se para a surpresa – do corpo feminino. "Tenho uma pequena coleção de material erótico – algumas revistas e DVDs", diz Dean, 37 anos. "Minha mulher está sempre viajando a trabalho, e eu assisto aos filmes quando ela está fora. Não contei nada sobre isso porque tenho certeza de que ela vai achar que não me sinto atraído por ela, e não é o caso. A verdade é que às vezes precisamos ver outras mulheres peladas." Os filmes eróticos não contêm nenhum recado para esposas e namoradas. Não são um tapa na sua cara. Eles não são uma mensagem que diz: "Gostaria que você fizesse isso." Não são um pedido para que vocês dêem um jeito de ficar com o corpo igual ao daquelas moças. Eles existem para os momentos em que vocês não estão presentes ou não estão com vontade de transar. São nossa cafeína sexual – servem como um empurrãozinho para colocarmos as coisas em movimento.

Dúvida feminina

Sei que Charlize Theron é sexy. Ele também sabe. Então por que ele faz ruídos como se fosse um animal toda vez que ela aparece na TV?

Ele não sabe a diferença entre isso e o fato de você dizer "Hum" sempre que a imagem de George Clooney surge na tela. De qualquer forma, os grunhidos inofensivos que ele faz para Charlize (e também para Angelina Jolie, Heidi Klum, Halle Berry e Eva Mendes) são reações espontâneas que podem ser evitadas – mas são difíceis de controlar.

Dominando o universo masculino: o que você já aprendeu sobre os homens

- Nem todas as "outras" mulheres são uma ameaça ao relacionamento. *Podemos ter amigas*, mesmo que as imaginemos nuas. Somos capazes de conversar com elas sem desejar que seus lábios estivessem fazendo algo diferente.
- Quando vemos uma mulher bonita, não podemos, não conseguimos, não iremos (escolha uma dessas alternativas) desviar o olhar.
- Apreciar a beleza de outras mulheres não reflete – nem diminui – o que sentimos por nossa esposa ou namorada. Temos condições de admirar todas vocês.

DIGA ISTO HOJE!

A coisa mais sexy que já disseram a Jorge, 26 anos:

"Não me faça esperar."

A coisa mais sexy que Sarah, 36 anos, disse a um homem:

"Encontro você no banheiro do avião em dois minutos."

| CAPÍTULO 10 |

Por que os homens traem?

COMO VOCÊ PODE EVITAR QUE ELE SAIA DOS TRILHOS.

Perguntamos aos homens:

Se sua parceira lhe desse permissão,
você faria sexo com outra mulher?

Com toda a certeza, sim 20%
Provavelmente, sim 10%
Provavelmente, NÃO 33%
Com toda a certeza, NÃO 37%

NÃO IMPORTA EM QUE FILA DO CAIXA do supermercado você está. É inevitável ouvir a história de que um homem casado está saindo com outra mulher. Há o exemplo de Jude Law com a babá dos seus filhos. E também o de Brad Pitt, que trocou a queridinha da América por uma mulher com lábios de boneca. Para qualquer lugar que você olhe, um homem é flagrado tendo um encontro comprometedor com uma mulher que não é a dele.

Todas essas atividades extracurriculares não fazem sentido se comparadas com os resultados da nossa pesquisa. Se os homens estão tão desesperados por qualquer gata que apareça, por que sete em cada dez deles dizem que provavelmente ou certamente recusariam a chance de fazer sexo com outra mulher, mesmo com a autorização da esposa ou namorada? Como isso se encaixa na teoria de que 50% dos homens casados pulam a cerca, um em cada seis homens está traindo a namorada hoje e que 13% dos homens já transaram com a parceira de um amigo?

Boas perguntas.

Alguns homens tentam racionalizar a questão, dizendo que não querem trair, mas que são escravos da própria biologia. "É assim que nossa genética funciona. Historicamente, é esperado que os homens espalhem sua semente entre o maior número possível de mulheres para garantir a continuação da espécie", diz Richard, 42 anos. "Isso não quer dizer que não conseguimos controlar nossas ações. Mesmo assim, acho que existe um grande confronto entre nossa moral e nossa biologia."

Se você ignorar o argumento antropológico (algo que certamente já fez), acredito que perceberá que os homens traem pelo mesmo motivo que as mulheres: estão procurando por algo que não conseguem ter – ou que deixaram de ter – em casa.

Lembre-se de que, estatisticamente, mais homens admitem trair do que admitem querer transar com outra parceira. A conclusão lógica, portanto, é que a infidelidade não tem relação apenas com o sexo, e sim com outras coisas que o acompanham.

"Estava casado havia quatro anos quando traí minha esposa. Foi com uma mulher do trabalho", diz Douglas, 37 anos, agora divorciado. "Eu não tinha a intenção de enganá-la. Não fiz isso porque a outra tivesse um corpo escultural nem nada do gênero. Mas ela me paquerava abertamente, me dava toda a atenção do mundo, dizia quanto me queria e fez com que eu me sentisse como um deus. É difícil resistir a isso quando você vai para casa e o único assunto são as contas a pagar."

O QUE DIZER, O QUE NÃO DIZER

Diga: Acabei de lhe enviar um e-mail erótico.

Nunca diga: Para quem você está mandando e-mails às 11 horas da noite?

Por quê? Os homens enviam e-mails porque é divertido. Portanto, entre na brincadeira.

Diga: Sei que você nunca me trairia.
Nunca diga: Promete que nunca vai me trair?
Por quê? Sua confiança vai ajudar a manter a fidelidade dele.

Diga: Vamos falar sobre a sociologia de um clube de striptease.
Nunca diga: Você é um verme por ter ido a um clube de striptease.
Por quê? Todo mundo fica na defensiva quando é atacado.

Como nossa pesquisa mostra, os homens não estão a fim de dormir com todo mundo. Não queremos magoar as mulheres com quem estamos. Sabemos que o resultado não compensa. E não somos a favor disso. (Pelo menos, a maioria de nós não é: só 14% dos homens – que aparentemente ainda vivem na época em que era preciso espalhar as sementes – não vêem problema em trair a esposa.) Pela minha experiência, acho que a maior parte de nós se enquadra na categoria de um de nossos entrevistados de 39 anos, cujo depoimento você lerá a seguir.

"Certamente já pensei em outras mulheres nuas e sempre imaginei como seria fazer sexo com outras garotas – tanto com as que conheço quanto com as que vejo na rua. Mas não vou adiante, nunca fui. Não me imagino agindo assim", diz Brandon, casado há oito anos. "Já vi muitos homens cujos casamentos foram destruídos por causa de um erro idiota que eles cometeram. E penso: 'Por quê? Por que estragar tudo?'"

Ainda assim, é comum arruinarmos nossos casamentos. Portanto, a pergunta-chave é: o que – além do sentimento de culpa, do autocontrole e da lealdade – impede um homem de trair a companheira?

Deixe-me fazer uma pergunta: o que leva uma mulher a ser infiel? O fato de não se sentir valorizada em casa? Sua vida – sexual e em geral – é rotineira e sem graça? Ela quer empolgação, aventura e até mesmo perigo? Ou será porque ela quer dar uma inflada no próprio ego, algo que a faça sentir que não está mais velha nem menos atraente e vibrante do que no dia do seu casamento?

Exatamente. E, quando se trata de infidelidade, homens e mulheres são mais parecidos do que diferentes.

O que significa quando:

Ele vai a um clube de striptease.
Mulheres sem roupa ao vivo são mulheres sem roupa ao vivo. Ele gosta de vê-las. Curte apreciar um monte delas. Mesmo sendo algo artificial, efêmero e sem sentido.

Ele diz "nada" quando você pergunta o que aconteceu na despedida de solteiro.
Ele pagou por quatro danças sensuais para o noivo e uma ou duas para ele mesmo – provavelmente com mulheres que não lembram você em nada em termos de raça, corpo, rosto e cor de cabelo – apenas como uma fantasia inofensiva, e não como uma indicação ou reflexo do que ele pensa a seu respeito.

Ele vai sozinho comprar cuecas.
Isso não é nenhum símbolo universal de infidelidade. Um homem precisa de cuecas novas.

Levando tudo isso em conta, o melhor modo de garantir que um homem não pule a cerca não é monitorar seus e-mails, pedir que o clube de striptease proíba sua entrada nem tentar costurar o submarino dele dentro das calças. É preciso tratá-lo da mesma maneira que você gostaria de ser tratada caso estivesse tentada a traí-lo. A forma de desviar o barquinho de vocês de um iceberg antes que seja tarde demais é procurar por sinais que indiquem que ele está necessitando de mais demonstrações de apreço: mais abraços, mais beijos, mais elogios e mais romance. Gostamos da conquista, das coisas imprevisíveis, da emoção, da afetividade e queremos que nosso ego mereça a mesma atenção que qualquer outra parte do nosso corpo. *Tudo aquilo que recebíamos no início do relacionamento*. Como diz Mike, 43 anos, sabemos que isso é algo que os dois lados têm que fazer. "Sempre acreditei que, se duas pessoas são totalmente dedicadas uma à outra, a intimidade sexual é o elo que as impedirá de se afastar e de deixar de se amar", ele diz.

Em resumo, sabemos perfeitamente por que os sites de compras, os canais *pay-per-view* e a entrega de pizza funcionam tão bem. É muito melhor receber um bom produto em casa do que ter que sair procurando por ele.

Será que o sexo com ela era tão bom que valeu a pena ele destruir tudo o que tínhamos por causa disso?

Estou casada há cinco anos e meu marido acabou de admitir que teve um caso. Contou que fez sexo com ela apenas três vezes e depois terminaram. "Apenas" três vezes, como se eu devesse agradecer ou algo do tipo. Para falar a verdade, nem sei se vou ficar com ele ou não. Mas há uma coisa que não paro de me perguntar: será que o sexo era tão melhor assim a ponto de compensar passarmos por um divórcio, dividir nosso dinheiro, contratar advogados, complicar a vida dos nossos filhos e tudo o mais?

Ainda que o sexo não seja necessariamente o elemento inicial que desencadeia a infidelidade, ele pode ser um acelerador poderoso. "As mulheres não entendem o poder do orgasmo masculino. Nunca pensamos no último. Estamos sempre imaginando o próximo", diz Ed, 30 anos. Se um homem precisa de mais sexo do que ele tem em casa, sua reação natural é querer

Mistério masculino

21%

dos homens consideram justificável ter um caso se a mulher tiver tido um primeiro. (*MH*)

preencher esse vazio. Primeiro, ele tenta com a esposa. Depois, procura se virar sozinho mais vezes durante o banho. Mas, caso não consiga se satisfazer com nenhuma dessas duas opções, buscará opções fora de casa. "Quando traí minha namorada, sabia que estava errado e que iria magoá-la. A transa foi ótima, porém não muito melhor do que com ela", afirma Jacob, 26 anos. Isso quer dizer que os homens sabem que o sexo não vale toda a confusão de uma traição. Mas talvez, para alguns deles, a excitação, o suor, a vontade e a atenção valham.

Qual é o limite?

Uma amiga minha terminou com o namorado porque o flagrou bêbado num bar beijando uma mulher que também estava embriagada. Por causa disso, tive uma conversa com meu namorado sobre o que consideramos traição. Para ele, beijar alguém sob o efeito do álcool é um erro idiota, mas não infidelidade. Discordo. Qual é o limite entre fidelidade e infidelidade para os homens?

Como você leu no capítulo anterior, esse assunto é bastante complicado. Por sorte, existem situações simples de entender. Quase todos os homens acham que fazer sexo, receber sexo oral e trocar carícias ousadas é traição. Mas as coisas ficam mais complexas quando não se trata de um contato ativo entre os corpos. Para metade dos homens, ir a um clube de striptease não é uma traição e, apenas para 20% de nós, procurar uma ex-companheira no Google é. Uma coisa é quando fica evidente que o cara estava tendo um caso, outra é quando o casal não chega a um acordo sobre que limite foi ultrapassado. "Certa noite, após uma festa, eu e uma amiga éramos as últimas pessoas na casa (na ocasião eu namorava outra garota). Estávamos altos, porém não completamente bêbados. Ela se ofereceu para massagear minhas costas por baixo da camisa. Depois deslizou as mãos até meu peito e disse: 'Você pode fazer o mesmo comigo'", conta Jay, 29 anos. "Meu Deus, foi muito tentador. Ainda assim, não fiz nada e fui embora. Apesar de eu ter agido certo, sei que minha namorada teria achado que pisei na bola por ter deixado que a garota se encostasse em mim. Estaria numa péssima situação. Nunca contei essa história a ela porque, como parei antes que qualquer coisa acontecesse, não acho que tenha sido traição."

Esse limite varia bastante entre os homens. Por isso, ainda no início do relacionamento, vocês devem analisar quais são suas expectativas individuais e definir o que significa "exclusividade". A maioria dos homens entende a infidelidade desta maneira: eles acham que estão traindo se estiverem fazendo algo ativo que envolva bocas ou genitais com outra mulher. Paquerar, dançar acompanhado, assistir a filmes eróticos, ir a um clube de striptease e até mesmo enviar e-mails de conteúdo questionável não são considerados atos de traição por muitos de nós. Portanto, se você pensa diferente, precisa avisá-lo o mais cedo possível – para que ele possa concordar, argumentar ou sair do relacionamento. É melhor discordar *antes* que algo ocorra do que depois.

Dúvida feminina

Por que ele fica tão excitado em ver algo que não deveria – como mamilos sob uma blusa transparente ou a calcinha de uma mulher enquanto ela sobe a escada rolante?

Não importa quantas vezes já tenha visto essas coisas, ele sempre terá um lado que aprecia as maçãs proibidas que perseguiu quando era um adolescente com os hormônios à flor da pele.

Por que ele fica procurando mulheres na internet?

Descobri que meu marido tem um perfil on-line num site de namoro. Ele mentiu sobre sua idade e seu estado conjugal e chegou até a descrever o que estava procurando. Quando lhe perguntei sobre isso, ele disse que estava apenas se divertindo, que nunca levaria nada adiante. Ainda que eu acreditasse nessa história (e não há nenhuma possibilidade de que isso aconteça), não entendo como ele achou que eu não descobriria. Os homens são burros quando se trata de coisas virtuais? Há uma parte de mim que até entende como um cara pode se apaixonar por uma colega de trabalho ou algo parecido. Mas nesse caso é como se ele estivesse procurando intencionalmente oportunidades para trair. Por quê?

Porque os homens são profundamente inseguros. Temos esse ar de confiança, mas, quando chega a hora H, não somos tão seguros sobre nossa aparência, nosso corpo, nossa carreira ou qualquer outra coisa. Então, o que fazemos? Usamos um ambiente controlado (a internet) em vez de nos arriscarmos num lugar imprevisível e vulnerável (um bar). "Criei um perfil on-line para ver como as pessoas iriam responder, embora eu soubesse que era algo errado porque sou casado", diz Lawrence, 39 anos. "Mas acabei ficando viciado. Queria saber quantas mulheres eu poderia conhecer e se elas seriam ainda mais bonitas. Sei que isso não é certo, por isso parei. Acho que vemos os encontros on-line como um bufê – existem tantas possibilidades que nunca ficamos sem opções e sempre tentamos arranjar espaço para consumir mais alguma coisa." Estatísticas mostram que 20% dos homens comprometidos acessam a internet e dizem que são livres. Eles não fazem isso porque acreditam que jamais serão descobertos, e sim porque acham que nunca vão perder o controle, que podem navegar nas águas sem jogar o anzol. O problema é que provavelmente estão enganados – sobre as duas coisas.

Dominando o universo masculino: o que você já aprendeu sobre os homens

- Para os homens, a traição nem sempre é motivada por sexo. A empolgação, o romance, o perigo e a trama que envolvem a situação são mais importantes.
- Não temos a intenção de trair. Queremos ser fiéis e leais – desejamos ser considerados homens bons. Gostaríamos que nossa mulher, e não outra, fizesse com que nos sentíssemos dessa maneira.
- A tentação pode ser tão dominadora e capaz de alterar o comportamento de um homem quanto qualquer droga. A desintoxicação não é a resposta. A solução pode estar em ajudá-lo a entregar-se a ela, a deleitar-se e a aproveitá-la dentro de casa.

DIGA ISTO HOJE!

A coisa mais sexy que já disseram a Randy, 29 anos:

"Vou fazer você se esquecer de todas as mulheres que já teve."

A coisa mais sexy que Lindsey, 26 anos, disse a um homem:

"Feche os olhos e tente não fazer nenhum barulho."

| CAPÍTULO 11 |

Os homens são tão vaidosos quanto as mulheres?

POR QUE OS HOMENS TÊM PAVOR DE ESPELHOS E COMO VOCÊ PODE USAR ESSE MEDO PARA FORTALECÊ-LOS OU DESTRUÍ-LOS.

Perguntamos aos homens:

O que você gostaria de mudar na sua aparência?

A barriga	42%
O cabelo	8%
O peitoral	6%
O pênis	8%
O rosto	7%
Outra coisa	18%
Nada	11%

NÃO IMPORTA QUANTAS VEZES fiquemos diante da porta batendo os pés e olhando para o relógio com impaciência, a verdade é que gostamos de tudo o que vocês fazem para ficar bonitas: da maquiagem, do cabelo, da depilação, das unhas e dos cremes. Certamente não ajuda quando top models da vida tentam lhe dizer que beleza é ser magra o suficiente para se esconder debaixo de um tapete oriental.

Por isso tenho certeza de que vocês nos lançam olhares cheios de ressentimento porque acham que ser homem é fácil. Se não nos barbeamos por três dias, é porque queremos ter um visual despojado. Quando não tomamos banho no sábado de manhã, podemos esconder o cabelo com um boné. Quando chega o verão... Bem, nossa sunga não é do tamanho de uma carta de baralho.

Porém, temos um segredinho sujo: os homens gostam de dizer que não ligam a mínima para a aparência, mas a verdade é que também temos vários problemas com a auto-imagem. (Não vendemos 24 milhões de exemplares da revista *Men's Health* todos os anos porque os homens *não* se importam com a própria aparência.) Acontece que, nos recônditos do Código Masculino Jamais Mencionado que malocamos em meio a frases como "Ria de refrigerantes diet", existe uma regra muito importante: "Nunca admita que você se preocupa com sua aparência." Portanto, vocês não vão nos ouvir perguntar se uma calça jeans deixa nosso bumbum grande, se os pêlos das nossas costas estão nos dando um ar de King Kong ou se aquela coisa mole que fica caindo por cima do cinto é algo que merece nossa preocupação. Temos medo de que vocês nos considerem excessivamente vaidosos, fracos, metrossexuais, femininos e sem a confiança que esperam encontrar num homem.

A grande jogada é a seguinte: apesar de não querermos falar do nosso corpo, não nos importaríamos se vocês se manifestassem a respeito dele.

Só um pouco.

O QUE DIZER, O QUE NÃO DIZER

Diga: Você está ótimo!

Nunca diga: Que bom ver você.

Por quê? Ele precisa ouvir isso.

Diga: Deveríamos começar a malhar.

Nunca diga: Você precisa começar a malhar.

Por quê? O ego dele é tão fraco quanto os músculos do abdômen.

Diga: Vou depilar as pernas hoje à tarde. Quer que eu depile seus ombros?

Nunca diga: Esses pêlos nos seus ombros são nojentos.

Por quê? Se você fizer parecer que não é um grande problema, ele irá aproveitar a chance.

Patrick, 38 anos, analista financeiro de Nova York, engordou cerca de 10kg nos primeiros cinco anos de casamento. "Eu me sinto um verdadeiro balofo por ter que usar camiseta na praia e comprar roupas maiores, mas nunca falei nada sobre isso. Minha mulher jamais fez uma observação sobre meu peso, então não sei se ela se importa ou se está quieta porque acha que eu não iria gostar de ouvir comentários", ele diz. Uma semana depois de Patrick ter voltado a malhar e adotado uma dieta mais saudável, sua esposa lhe disse, no momento em que ele estava saindo para o trabalho, que as calças dele estavam mais folgadas e que a barriga parecia menor. "Normalmente, o único momento em que ela fala sobre minha aparência é quando estou com o rosto sujo de molho. Eu sabia que uma semana não era suficiente para mostrar um grande resultado físico, porém foi legal ouvir um incentivo. Isso fez com que eu quisesse me esforçar ainda mais."

Recebemos elogios dos nossos supervisores e até de vizinhos que dizem "Que belas plantas!". Essas palavras de encorajamento nos estimulam a continuar fazendo um bom trabalho. O mesmo tipo de incentivo vindo de vocês seria uma grande ajuda. "Somos tão inseguros quanto as mulheres ou até mais. Só não demonstramos. Também gostamos de elogios, queremos que vocês nos digam que somos atraentes", diz Mitchell, 31 anos. Naturalmente, se vocês passam tanto tempo se embelezando, é justo que o homem ao seu lado também se cuide. Tudo de que precisamos é que vocês nos dêem força.

Por que os homens não conseguem aceitar que estão ficando carecas e viver bem com isso?

Um homem que começou a trabalhar há pouco tempo na minha empresa tem dado sinais de que está interessado em mim. Deve ter por volta de 30 anos e está começando a ficar careca – tem entradas e pouquíssimo cabelo no alto da cabeça. Até aí, tudo bem. O problema é que ele deixa o cabelo da frente crescer e penteia para trás para disfarçar a calvície. Isso é meio ridículo. Será que ele não percebe que, ao tentar esconder a careca, está mostrando a todos que é inseguro?

Isso me lembra um cara que vi quando estava cortando o cabelo certa vez. Ele era calvo, menos nas laterais da cabeça. Quando se sentou na cadeira, brincou com o cabeleireiro: "Tire um pouco de cima, por favor." Lidamos com a calvície – e com qualquer problema que tenhamos com o corpo – de duas maneiras. Ou tentamos esconder a chamada falha (como no caso do cara no seu trabalho) ou a transformamos em algo engraçado (como fez o homem que vi). Mesmo que saibamos que perder cabelo não tem nenhuma relação com o fato de sermos bons ou ruins de cama ou talentosos no trabalho, consideramos esse processo uma das piores separações que temos que enfrentar. Michael, 29 anos, diz: "Estou começando a ficar careca. Admiro os homens que raspam a cabeça quando passam por isso, mas não estou pronto para dar esse passo, ainda não sou capaz de assumir." Essa expressão – *assumir* – acerta nossa insegurança em cheio. Todos nós temos algo de que não gostamos em nossa aparência, a diferença é em que lado do espectro da confiança nos enquadramos – naquele que faz de tudo para esconder uma falha ou no que não se incomoda em mostrá-la.

O que significa quando:

Ele corta/apara/depila os pêlos que tem no corpo.
Um homem que cuida perfeitamente da sua aparência está apenas tentando lhe enviar a mensagem de que tem uma personalidade refinada e elegante. Algo que é, portanto, desejável.

Ele raramente cuida da aparência.
Um homem que não cuida perfeitamente da aparência está apenas tentando lhe enviar a mensagem de que tem uma personalidade simples e despojada. Algo que é, portanto, desejável.

Ele diz que vai começar uma dieta.
Está anunciando os próprios planos, mas também está lhe enviando uma mensagem sobre como está se sentindo: preguiçoso, gordo, cansado e tão desejável quanto uma salada sem tempero.

Por que os homens são obcecados pelo tamanho do pênis?

Meu namorado é totalmente obcecado pelo tamanho do seu pênis. Ele está sempre se desculpando e até já me perguntou como se sai na comparação com meus ex-namorados. Um dia o flagrei procurando sites da internet que vendem produtos para aumentar o pênis. Não sei quantas vezes vou precisar dizer que ele é normal, que isso não é um problema, que ele é ótimo e que não me importo com o tamanho. Por que ele não supera isso? As pessoas na rua não podem vê-lo.

O problema é que os homens não sabem o que é "normal", porque a percepção que eles têm dos diferentes tamanhos de pênis vem das olhadas – ocasionais e sem intenção – que dão nos membros alheios quando estão em vestiários e assistindo a filmes eróticos. Por isso, até mesmo quem tem um pênis de tamanho normal pode achar que ele é menor do que o de todo mundo. Depois de terminar um namoro de três anos, Tim, 31 anos, gerente de vendas do Missouri, começou a sair com outras mulheres e também a se preocupar com a dimensão da sua masculinidade. "Eu tinha ficado com uma pessoa por tanto tempo que nem pensava mais nisso. Mas, na primeira vez que fiz sexo com uma garota diferente, senti um pouco de vergonha de tirar a roupa. Sei que meu pênis é menor do que o de outros caras e me preocupei com o que ela iria achar", diz ele. Sabemos que o tamanho da bateria não é tão importante quanto a potência que a faz funcionar. Na realidade, três em cada quatro mulheres se dizem satisfeitas com o tamanho do pênis dos parceiros – e isso é algo que vocês precisam nos dizer. Ainda assim, acreditamos que a essência da masculinidade depende do tamanho do nosso órgão genital e ficamos curiosos sobre o lugar que ocupamos em relação aos outros homens que chamaram – e ganharam – sua atenção por causa disso.

Dúvida feminina

É tão difícil assim comprar calças novas?

Sim.

O que faz com que um homem queira entrar em forma?

Meu marido vinha mantendo o mesmo estilo desde que o conheci há 10 anos – usava o mesmo tipo de roupa, cortava o cabelo do mesmo jeito e sempre esteve um pouco acima do peso ideal. Legal, normal, estável. Alguns meses atrás, ele mudou o corte de cabelo, comprou roupas diferentes e começou a malhar. Como ele tem apenas 33 anos, é um pouco cedo para uma crise de meia-idade. Será que está tendo um caso? Se não for isso, o que está havendo? Por que essa transformação agora?

Mark, 42 anos, escritor de Nova York, lembra-se do motivo que o levou a emagrecer. A filha dele de quatro anos lhe pergun-

Mistério masculino

60%

dos homens se dizem insatisfeitos com o tamanho do próprio pênis.

tou: "Pai, você está grávido?" Não foi necessário mais nada para motivá-lo. "Minha mulher já estava me enchendo há uns três anos para que eu tomasse vergonha, mas aquelas quatro palavras foram mais do que suficientes", ele conta. Não queremos ser corrigidos, instruídos nem aporrinhados em relação ao que devemos fazer. Em vez disso, respondemos a epifanias – a momentos, comentários e instantes aparentemente superficiais da vida que, na verdade, produzem conseqüências significativas. Um detalhe interessante é que as epifanias não precisam ser negativas, como ocorreu com Mark. Elas podem acontecer de modo agradável se vocês observarem – e nos disserem – que nosso visual está bacana. É só uma questão de apertar o pequeno botão que faz com que passemos do desejo de mudar para a mudança concreta. Não tenho idéia do que está havendo com seu marido, porém não se precipite em tirar conclusões negativas. Eu apostaria que foi algo pequeno que o motivou a realizar essa grande transformação.

Dominando o universo masculino: o que você já aprendeu sobre os homens

- Os homens podem ser tão inseguros com o corpo e a aparência quanto as mulheres. Elogios nos momentos certos sobre o que vocês apreciam no nosso corpo – mesmo que nós não gostemos daquele ponto – nos deixarão encantados. Por um longo tempo.
- Quando se trata da nossa aparência, vocês podem nos ajudar como se fossem um bom técnico. Se necessário, empurrem-nos na direção em que precisamos ir. Mas nos digam quando fizermos alguma coisa certa. Conseguimos agüentar algumas vaias, desde que também haja gritos de incentivo.
- O tamanho importa. Para o dono da peça.

DIGA ISTO HOJE!

A coisa mais sexy que já disseram a Drew, 32 anos:

"Vamos fazer de novo."

A coisa mais sexy que Jennifer, 22 anos, disse a um homem:

"Vou levar você para a cama e me divertir como nunca."

| CAPÍTULO 12 |

Por que os homens sempre têm que "consertar" as coisas?

SE VOCÊ PENSA QUE SEU COMPANHEIRO NÃO ESTÁ EM SINTONIA COM SEUS SENTIMENTOS, ESTÁ ENGANADA. DESCUBRA POR QUE ELE SE IMPORTA TANTO – E COMO AJUDAR VOCÊS DOIS A MUDAR PARA MELHOR.

Perguntamos às mulheres:

Por que você não pede uma opinião masculina em relação a problemas de relacionamento?

(As participantes podiam escolher mais de uma opção.)

Eles não entendem	19%
Eles não sabem se colocar no nosso lugar	16%
Eles não são bons ouvintes	15%
Eles nunca sabem o que dizer	12%
Eles não dão bons conselhos	7%
Eles estão muito preocupados em olhar para os meus seios	4%
Outra razão	34%
Nenhum motivo	25%

CERTA VEZ, DAVIS, 38 ANOS, ENGENHEIRO CIVIL, chegou em casa e encontrou a mulher, Ilana, chorando. Ela faz captação de fundos para entidades sem fins lucrativos. Quando Davis lhe perguntou qual era o problema, Ilana contou que tinha sido preterida numa promoção no trabalho – uma pessoa que não merecia havia sido beneficiada. Ela se queixou por se sentir presa a uma ocupação pela qual ganhava pouco e não era reconhecida. "Eu lhe disse que deveria explicar a seu supervisor como estava se sentindo. Mas, quando ela afirmou que isso não adiantaria, argumentei que então seria melhor que começasse a atualizar o currículo porque aquele trabalho não era bom. A partir disso, ela começou a me criticar. Disse que eu não entendia, afinal sair do emprego não era tão fácil assim, e que eu não podia achar que ela deixaria de ficar chateada só porque a aconselhei a procurar uma nova atividade", conta Davis.

Talvez vocês ainda não tenham percebido, mas os homens gostam de consertar coisas. Isso serve para todo tipo de tralha que há dentro da sua casa e também para o que existe na sua cabeça. Essa afirmação foi feita por um grande número de participantes da nossa pesquisa.

Se nos apresentarem um problema, daremos a solução.

- **"Os homens consertam coisas. Não venham buscar minha solidariedade para seus problemas se vocês não querem uma solução"**, diz Timothy, 30 anos.
- **"Quando um homem ouve sua mulher reclamar de algo, ele acha que ela deseja que aquilo seja resolvido – seja lá o que for. Parece que isso nem sempre é verdade. Gostaria que as mulheres só nos falassem dos problemas para os quais precisam da nossa ajuda. Seria muito menos confuso para nós"**, diz Bruce, 37 anos.
- **"Os homens pensam em termos de fatos: procuramos soluções para os problemas. Não acreditamos que apenas ouvir dará um jeito nas coisas"**, diz Lee, 24 anos.
- **"Gostamos de resolver problemas, por isso nos sentimos mal quando não somos capazes de solucionar os de vocês"**, diz Nate, 25 anos.

É exatamente isso. Sempre nos sentimos mal quando não conseguimos resolver as coisas para vocês.

O QUE DIZER, O QUE NÃO DIZER

Diga: Preciso desabafar por 10 minutos.

Nunca diga: Preciso conversar.

Por quê? Desse modo, ele saberá que você necessita de alguém que a ouça, e não alguém que tome uma providência.

Diga: Obrigada por tentar ajudar.

Nunca diga: Você não está ajudando.

Por quê? Ele está tentando.

Segundo 53% dos homens ouvidos pela pesquisa, quando suas namoradas e mulheres lhes apresentam um problema, eles normalmente oferecem sugestões para resolver a questão (isso é mais do que os que dizem compreender os sentimentos e demonstrar solidariedade, ouvir ou até fingir escutar). As mulheres estão acostumadas a manifestar solidariedade quando as pessoas dividem seus problemas com elas e talvez seja por isso que esperem o mesmo em troca. Nós? Estamos habituados a analisar os problemas e a buscar saídas até resolvê-los. Depois partimos para o seguinte.

Talvez vocês gostem que os problemas sejam sanados num clima como o das preliminares – com abraços, atenção, entendimento e conversa. Nós preferimos solucionar as coisas num clima como o de uma rapidinha – pensando, decidindo e agindo. "Minha namorada diz que estou sempre querendo dar um jeito nos problemas dela, então tentei parar com isso. Mas, quando ela me conta alguma coisa e eu não ofereço nenhuma solução, me sinto um imprestável", diz Jamie, 27 anos.

Talvez vocês considerem frustrante o fato de não conseguirmos ficar calados quando as vemos enfrentar uma dificuldade que não somos capazes de ajudar a resolver, como uma questão no trabalho, uma briga com a mãe ou um problema de saúde persistente. No entanto, tenham em mente que, do mesmo modo, é frustrante para nós não falar nada.

Queremos colaborar. Queremos resolver. Queremos corrigir. Se não conseguimos, achamos que outra coisa vai mal – nós mesmos.

O que significa quando:

Ele abraça você (no fim do primeiro encontro).
Ele quer um segundo encontro.

Ele abraça você (após o sexo).
Ele está maravilhado.

Ele abraça você (após uma briga).
Que tal fazer sexo para ajudar na reconciliação?

Como fazer com que ele lide com os problemas do nosso relacionamento?

Meu relacionamento não anda às mil maravilhas. Eu disse ao meu namorado como estava me sentindo - que queria mais da nossa relação, que achava que ele não parecia tão interessado quanto no início e que estávamos caindo na rotina. A resposta dele? Fechou-se como uma ostra. Disse algo como "Que pena que você se sente assim" e depois veio com a clássica "O que você quer que eu faça?". Odeio isso. Foi como se ele estivesse tentando transferir para mim a responsabilidade pelo sucesso do nosso namoro. O que ele pretende provar toda vez que temos problemas?

Talvez para uma mulher a resposta "O que você quer que eu faça?" pareça uma reação irritada ou dê a entender que ele está fugindo da responsabilidade. No entanto, para nós, ela é uma síntese do que sentimos quando se trata de problemas de relacionamento. Digam-nos o que fazer, como resolver a questão e como deixá-las felizes. Sabemos, obviamente, que a vida não é uma equação matemática. Temos consciência de que um gesto, um comportamento ou uma frase da nossa parte não farão com que vocês comecem a se sentir melhor como num passe de mágica. Mas é assim que tentamos alcançar a solução. "Pensamos de um jeito diferente das mulheres", diz Luke, 26 anos. "Meu padrão de pensamento é mais linear. Quero atender as necessidades da minha companheira e chegar ao fundo do que a está incomodando, porém o caminho que faço até lá é diferente."

Dúvida feminina

Por que ele passa três semanas pesquisando para comprar qualquer coisinha?

Um homem pode ser impulsivo ao escolher mulheres e cervejas, mas nunca será impulsivo com dinheiro.

Por que ele transforma tudo em alguma coisa relacionada a ele?

Uma noite dessas tive uma briga séria com minha mãe. Estávamos falando sobre as festas de fim de ano e decidindo para a casa de quem iríamos quando ela me criticou dizendo que eu sempre consigo estragar essas reuniões. Fiquei com raiva e magoada. Depois contei tudo para meu marido. Ele, por sua vez, desenterrou uma longa história sobre uma briga que a irmã dele teve com a mãe quando os dois ainda eram crianças. Eu só queria desabafar um pouco, mas ele transformou o fato em algo a seu respeito envolvendo a própria família. Por que ele não consegue simplesmente escutar?

Em nossa pesquisa, cerca de 10% dos homens dizem utilizar essa tática – relacionar a experiência deles com o problema da mulher. Não acho que seu marido esteja contando isso para negar a veracidade da sua história nem para se livrar dela. Ele está revelando a experiência que teve para que você descubra uma solução. "Minha namorada diz que, sempre que ela conta uma história, eu tento superar narrando outra. Mas essa não é minha intenção. Só estou pretendendo mostrar que entendo sua situação. Pensei que fosse o que ela queria", diz Bo, 25 anos. Quanto ao motivo de não as escutarmos: achamos – e sentimos – que apenas ouvir o problema é como cortar uma pizza com um clipe de papel. Não vai funcionar, então por que tentar? Sempre nos perguntamos o que há de útil em ficarmos sentados concordando com tudo o que as mulheres estão dizendo se não podemos buscar a saída para esse labirinto de estresse, infelicidade e frustração. Parece que, se nos limitarmos a ouvir, vocês vão pensar o oposto: que não estamos prestando atenção em nada.

Por que ele não é um pouco mais afetuoso em público?

Temos um casal de amigos que parece viver o relacionamento perfeito. Os dois têm ótimos empregos, duas crianças lindas, viajam bastante e sempre parecem muito afetivos um com o outro. Depois que meu marido e eu saímos com esse casal, eu disse que eles eram lindos e que pareciam muito felizes. Nesse momento, meu marido perguntou: "Quer dizer que você não é feliz?" Foi o suficiente para causar uma briga entre nós. Ele disse que odiava quando eu nos comparava com outros casais e que o simples fato de alguns maridos chamarem as esposas de "docinho" não significava que tivessem um casamento maravilhoso. Por que ele levou isso tão a sério?

Porque sua comparação foi entendida como: você é um grosseirão sem sentimentos que não sabe me dar nada do que

Mistério masculino

4%

dos homens dizem fingir escutar os problemas de uma mulher sem falar muita coisa.

uma mulher merece. "Minha namorada sempre diz que gostaria que eu fosse mais afetuoso em público. Nenhum exagero, só segurar mais a mão dela e coisas do gênero. Mas não gosto disso. Quando passamos por pessoas na rua que estão agindo assim, ela comenta como essas cenas são bonitas", diz André, 34 anos. "As observações parecem inofensivas, mas, na verdade, me irritam muito. Dou duro no trabalho, trato-a bem e acho que sou um bom namorado. No entanto, como há uma coisa que não me sinto à vontade em fazer, sou um vilão, um ser inferior a todos os homens do mundo que andam de mãos dadas e beijam em público." Por que isso nos incomoda tanto? Além do fato de não gostarmos de ver nossa personalidade romântica (ou não romântica) julgada como numa competição num programa de TV, não achamos bacana que vocês presumam que nosso comportamento numa situação qualquer deve ser igual ao de outro homem.

Dominando o universo masculino: o que você já aprendeu sobre os homens

- Nosso instinto é ajudar. Quando ouvimos seus problemas sem oferecer uma solução, achamos que vocês vão pensar que não estamos sequer escutando.
- Não estamos tentando esconder os problemas debaixo do tapete, e sim tirá-los do seu colo.
- Quando perguntamos a vocês o que querem que façamos, gostaríamos de ter respostas concretas.

DIGA ISTO HOJE!

A coisa mais sexy que já disseram a Aidan, 22 anos:

"Seus lábios sabem o que estão fazendo."

A coisa mais sexy que Lisa, 29 anos, disse a um homem:

"Todas as mulheres deveriam ser sortudas assim."

| CAPÍTULO 13 |

Por que os homens temem a raiva?

EXISTE APENAS UMA COISA QUE UMA MULHER PODE FAZER PARA LEVAR UM HOMEM A BRIGAR POR ALGO — E UM MODO SEGURO DE ACALMAR A FERA SELVAGEM.

Perguntamos aos homens:
Normalmente qual é o motivo das brigas entre você e sua parceira?
(Os participantes podiam escolher mais de uma opção.)

Dinheiro	38%
As responsabilidades com a casa e a família	26%
Sexo	24%
Ela acha que não a valorizo	22%
O nível de comprometimento	21%
Ela quer que eu fale dos meus sentimentos	19%
Os filhos	17%
O tempo que fico no trabalho	14%
Os sogros	13%
Fidelidade/outras mulheres	9%

NO ANO PASSADO, GENE, 42 ANOS, que trabalha numa empresa imobiliária, recebeu uma gratificação de fim de ano de 10 mil dólares. Após sair do trabalho, ele parou numa loja e encomendou uma TV de tela grande. Quando chegou em casa e contou para a mulher, ela se contorceu de raiva. "Ficou transtornada. Reclamou que eu não tinha o direito de gastar o dinheiro sem falar com ela, que aquilo era uma falta de consideração inacreditável da minha parte", ele conta. "Respondi na lata e com veemência. Disse que eu nunca comprava nada para mim e que aquele era um dinheiro à parte, não o dinheiro para as contas do mês, e que eu queria me dar um presente porque tinha ralado durante o ano todo e merecia. Ficamos sem nos falar por três dias e só colocamos um ponto final nisso depois de, pelo menos, duas semanas, quando conseguimos conversar normalmente sobre o assunto."

Ao se relembrar desse caso, Gene percebeu que, embora estivesse certo sobre algumas coisas e errado sobre outras, a maneira como ele falou foi um desastre – tão grande quanto não ter dito nada para a mulher antes de fazer a compra. "Isso aconteceu porque ela já começou cuspindo fogo. Se tivesse explicado como estava se sentindo sem dar um ataque, teria nos poupado muita dor de cabeça."

Odiamos brigar porque relacionamos instintivamente esse ato com agressão e raiva. Portanto, se vocês querem ter uma conversa com seu parceiro, a melhor tática é primeiro controlar a ira que estão sentindo. Quando somos confrontados de forma direta, nosso instinto nos faz ficar agressivos e na defensiva. Só porque a luta é verbal, não quer dizer que vamos reagir de um modo diferente do que faríamos se ela fosse física. Se vocês nos derem um soco, nossa reação natural é dar outro de volta.

Ou – já que somos criaturas que brigam ou fogem – escolheremos outra opção: bater em retirada.

O QUE DIZER, O QUE NÃO DIZER

Diga: Você tem o direito de estar irritado.

Nunca diga: Fique calmo.

Por quê? Ele quer ser compreendido, e não sedado.

Diga: Amo o jeito como você faz isso e isso. Mas aquilo me incomoda.

Nunca diga: Aquilo me incomoda.

Por quê? É mais fácil aceitar as críticas quando elas vêm com um pouco de açúcar.

Diga: Pausa de cinco minutos. Acho que nós dois precisamos descansar.

Nunca diga: Acho que você deveria ir embora.

Por quê? Mesmo que vocês estejam brigando, ele tem que saber que vocês jogam no mesmo time.

"Sempre que minha namorada tem uma forte reação a um problema, eu me calo imediatamente", afirma Bryan, 34 anos. "Se ela estiver muito irritada, prefiro não falar sobre nada, no entanto isso a deixa ainda mais brava. Mesmo assim, não me manifesto enquanto ela não se acalma."

Mistério masculino

15%

dos homens dizem não brigar com suas namoradas ou esposas.

Quando levamos em conta que a maioria dos homens explode ou foge da briga, é fácil perceber qual é o problema – a questão nunca é resolvida. Não estou dizendo que vocês não devam ter reações fortes e passionais. Também não estou questionando se sua raiva é justificada (porque provavelmente é). Só estou ressaltando que, se vocês querem solucionar algo, deixem suas emoções num lenço ou num saco de pancadas – e depois vão discutir o assunto com seu companheiro.

"As mulheres precisam entender que elas e os homens são criaturas diferentes que vêem o mundo de ângulos específicos. Elas não podem se aferrar à tentativa de fazer com que seus companheiros entendam as coisas da mesma maneira que elas", diz Max, 34 anos. "Um dos segredos para um relacionamento bem-sucedido é a habilidade do casal de concordar amigavelmente em discordar."

O que significa quando:

Ele se fecha durante uma briga.
Pode significar duas coisas: ou ele não quer dizer algo que fará você jogar um abajur nele ou sabe que ficar calado a deixará tão irritada que você desejará jogar um abajur nele.

Ele fala algo muito maldoso durante uma briga.
Ele reprime as emoções na maior parte do tempo. Quando as manifesta, faz isso para valer.

Ele fica com muito ciúme dos seus ex-namorados.
A única coisa pior do que imaginar você nua com outro homem é imaginar você nua com o homem por quem vocês acabaram de passar no restaurante.

Por que os homens fogem das brigas?

Meu namorado nunca briga. Ele simplesmente se recusa a fazer isso, e esse comportamento me incomoda. De vez em quando, só quero que ele discuta um pouco comigo, mesmo que seja sobre algo sem importância. Uma vez, só para ver se conseguia provocá-lo, eu o acusei de paquerar a garçonete. Ele se limitou a balançar os ombros e a dizer que eu estava louca – nem tentou se defender. O que devo fazer para que ele interaja mais, mesmo que seja pouco? Acredito que brigar é saudável para o relacionamento, mas ele acha que é destrutivo.

Alguns homens adoram brigar se estiverem num bar ou num ringue, mas a maioria de nós não gosta de fazer isso quando está apaixonado. (Uma pequena porcentagem dos homens diz que chega a negar que o problema existe só para evitar confrontos.) “Não vejo nada errado em discordar, porém odeio brigar. Para mim, isso é uma fraqueza da relação”, diz David, 28 anos. Não acredito que seja possível transformar um cara que aprecia relacionamentos pacíficos em alguém que vai começar a detonar bombas atômicas. Se um homem não quer partir para a briga – em especial por coisas que ele imagina ser capaz de resolver com calma –, a mulher não conseguirá mudar o estilo dele. E, francamente, será que você quer mesmo fazer com que a maneira como seu namorado discute se torne mais um dos problemas a respeito dos quais vocês podem se desentender?

Por que, às vezes, os homens nos depreciam?

Meu noivo e eu tivemos uma briga muito séria por causa de dinheiro. Estávamos tendo uma conversa importante sobre como iríamos juntar nossas contas bancárias, em que deveríamos investir nossas economias, quem iria cuidar do pagamento das contas da casa, coisas desse tipo. Foi quando ele começou a ficar sarcástico, dizendo que eu não consigo sequer calcular a gorjeta num restaurante. É assim que ele lida com nossas discussões: sendo sarcástico. Quando reclamo, ele afirma que só estava tentando ser engraçado. Mas eu acho que é uma atitude maldosa e esnobe. O que ele ganha me depreciando?

Um escudo. Ele acha que, se conseguir manifestar seu ponto de vista com uma piada, com pouco caso, com um pequeno insulto, estará obtendo uma ligeira vantagem na discussão. "Nos esportes, esse tipo de tática nem sempre é mal-intencionado. É apenas uma maneira de tentar ganhar vantagem mental, de mostrar que se é um competidor mais forte do que o oponente", diz Kevin, 32 anos. "Já vi meus amigos fazerem isso com as esposas. Só alguns golpes leves aqui e ali. Eles dizem que é divertido, mas é de fato uma tática para encerrar a briga."

Dúvida feminina

Por que ele nunca pede desculpas?

Porque ele está equivocado: acha que se desculpar o torna menos homem, mas, na verdade, é exatamente o oposto.

O que há de errado em encher a paciência dele um pouco?

Vou ser honesta. Encho um pouco a paciência do meu marido. Ele diz que me queixo de tudo – do seu jeito de arrumar as coisas ao estado em que deixa o banheiro de manhã. Não quero ser chata, apenas que ele respeite as nossas coisas e a nossa casa. São questões pequenas, portanto não creio que seja um problema sério. De qualquer modo, sempre ouço homens dizendo que não suportam as reclamações de suas mulheres e namoradas. Eles são mesmo tão sensíveis assim?

Existem duas maneiras de quebrar uma pedra. Podemos arremessá-la contra o chão e vê-la se despedaçar inteira. Mas também podemos lascá-la pouco a pouco até que não sobre nada. Os dois métodos produzem o mesmo resultado. Num deles, porém, a dor se estende por mais tempo. "Reclamar não adianta. Se ela falasse comigo com respeito, conseguiria melhores resultados", diz Ryan, 27 anos. Um modo mais fácil de motivar um homem é apelar, deixando claro que ele terá uma recompensa se usar sua tendência natural para resolver problemas. Mostre como o banheiro ficaria ótimo se ele o mantivesse limpo em comparação com aquele aspecto horrível causado pela bagunça que ele faz. Logo que o cérebro do seu marido registrar a equação "banheiro limpo = esposa feliz", ele cuidará disso.

Mistério masculino

19%

dos homens dizem brigar como advogados, tentando ganhar vantagem sobre as mulheres com argumentos.

Dominando o universo masculino: o que você já aprendeu sobre os homens

- Os homens têm medo da raiva. Quanto menos as mulheres manifestarem esse sentimento, mais seus companheiros conseguirão falar.
- Muitos homens não vêem as brigas do mesmo modo que as mulheres: algo que purifica e fortifica um relacionamen-

to. Para vocês, os conflitos talvez mostrem emoção. Para nós, talvez seja melhor explicar as coisas antes de chegarmos aos socos verbais.

- Quando nos sentimos acuados, reagimos com toda a força ou batemos em retirada silenciosamente. Temos certeza de que vocês não gostam de nenhuma dessas opções.

DIGA ISTO HOJE!

A coisa mais sexy que já disseram a Bill, 24 anos:

"Você é a melhor coisa que já me aconteceu."

A coisa mais sexy que Jessica, 25 anos, disse a um homem:

"Vem me desembrulhar!"

| CAPÍTULO 14 |

Os homens acreditam em amor à primeira vista?

POR QUE UM PEQUENO GESTO PODE SIGNIFICAR A DIFERENÇA ENTRE "APENAS AMIGOS" E TODA UMA VIDA DE FELICIDADE.

Perguntamos aos homens:

O que mais chama sua atenção numa mulher que você ainda não conhece?

A aparência/o físico	35%
O contato visual	21%
O sorriso	19%
A confiança	12%
As primeiras palavras	5%
As roupas	2%
Outros	6%

OS HOMENS QUEREM QUE O NAMORO seja como um labirinto. Nós seremos os ratos, e vocês, o queijo. Desejamos o queijo? Sim, mais do que qualquer coisa. Conseguimos sentir o cheiro do queijo? Sim. Sabemos exatamente como chegar até o queijo? De jeito nenhum. Mas isso não significa que queremos que vocês o coloquem bem na nossa frente antes mesmo de começarmos a procurá-lo. Preferimos olhar em volta, pensar e descobrir tudo. Porque, no fim, isso deixa o queijo muito mais saboroso.

Isso não quer dizer que desejamos que vocês façam joguinhos, nos enganem, nos atraiam e depois batam a porta na nossa cara e escolham outros homens mais rápidos, mais inteligentes e geneticamente superiores. Só estamos dizendo que gostamos desse jogo do amor – e da idéia de que existem poucas coisas (como um gol do time adversário no último minuto do jogo e exames de próstata) que nos deixam mais nervosos do que encontrar o caminho até vocês.

Na verdade, quando estamos nos aproximando, espreitando, cortejando ou apenas tentando conhecer vocês, temos mais borboletas no estômago do que as páginas de um guia turístico da Costa Rica. Esse nervosismo inicial é fruto da nossa dúvida: estamos enferrujados, preparados ou aptos a desempenhar nosso papel? E a platéia – a mulher – é muito mais intimidadora do que as outras que já enfrentamos. Mas a questão principal é: se estivermos interessados em vocês a longo prazo, não queremos que acalmem todas as nossas ansiedades com uma jura de amor nem com um convite para o quarto. Pelo menos, não tão rápido.

O QUE DIZER, O QUE NÃO DIZER

Diga: Tudo bem com você?

Nunca diga: Por que você não me ligou antes?

Por quê? Ele está telefonando agora e isso é bom.

Diga: Tenho aula de ioga hoje à noite, mas talvez a gente possa sair depois.

Nunca diga: Posso faltar à aula de ioga hoje para sair com você.

Por quê? Ter compromissos é mais atraente do que tentar acomodar as coisas.

Diga: Como é seu relacionamento com seu pai?

Nunca diga: Quero que nosso relacionamento seja algo sério.

Por quê? Proximidade é algo que se conquista.

Diga: Quer começar a correr comigo aos domingos?

Nunca diga: Gostaria de me encontrar com você mais vezes.

Por quê? Destaque o que vocês têm em comum e ele desejará vê-la mais vezes.

- **"É muito sexy quando uma mulher faz provocações no primeiro encontro. Mas apenas o suficiente para dar a entender que está interessada, e não a ponto de parecer desesperada"**, diz Danny, 32 anos.
- **"Sou totalmente a favor de que as mulheres sejam mais ousadas. No entanto, elas precisam ser assim na medida certa. Uma mulher que me toca, se encosta em mim e faz coisas desse tipo tem muito mais chances a longo prazo do que uma que enfia a língua na minha garganta depois de 30 minutos"**, diz Allen, 36 anos.
- **"A coisa mais sexy que uma mulher fez comigo aconteceu num bar. Foi quando nos conhecemos. Enquanto falava comigo, ela simplesmente estendeu o braço e enganchou dois dedos no bolso da frente da minha calça. Nossa, me senti um adolescente"**, diz R. J, 27 anos.

Ainda que estejamos interessados no grande prêmio – ganhar o campeonato nacional de encontros (tendo você como troféu) –, não queremos que ele nos seja dado de lambuja. Nossa intenção é participar do jogo, sentir calafrios, ter algumas inseguranças e fazer as jogadas, porém não desejamos usar o anel de campeões do amor até que sejamos merecedores.

Mistério masculino

19%

dos homens dizem fazer sexo no primeiro encontro. (*MH*)

Como devo mostrar interesse sem ser ousada demais?

Meus amigos reclamam dizendo que gostariam que as mulheres fossem mais audaciosas. Mas, quando uma garota se mostra mais atrevida, eles começam a falar dela como se ela fosse uma "caçadora" ou algo assim. Quero saber a diferença entre fazer a linha *Atração fatal* e ser completamente distante.

Muitas vezes, os homens funcionam como telefones celulares – não conseguem captar os sinais corretamente. Talvez isso aconteça porque os sinais não estão muito claros. Vocês usam mais a comunicação verbal do que nós, e, muitas vezes, não compreendemos a sutileza das suas palavras. Ainda que todo mundo saiba que os homens são criaturas que privilegiam o sentido da visão, também apreciamos muito o tato. O segredo: utilizem suas mãos e seus dedos. "Não sinto vontade de falar sobre o relacionamento assim que começo a sair com alguém, mas gosto de saber se sou considerado um namorado em potencial ou algo mais parecido com um irmão", diz Dane, 31 anos. "A mulher com quem estou me relacionando agora se encostava em mim a toda hora quando saímos pela primeira vez. Adorei aquilo. Ela não estava exagerando na sexualidade nem nada. Apenas colocava a mão no meu ombro, acariciava de leve o meu braço ou segurava minha cintura quando nos beijávamos. Percebi que ela estava realmente interessada em mim."

O que significa quando:

Ele não tenta beijar você no primeiro encontro.
Embora ele preferisse não esperar, pois gosta de você, acha que será mais admirado se conseguir segurar a onda. Não beijar pode ser um sinal de afeto tão importante quanto um beijo.

Ele manda flores sem motivo (antes do casamento).
Amor, gosto demais de você. E estou a fim de transar.

Ele manda flores sem motivo (depois do casamento).
Amor, gosto demais de você. E estou muito a fim de transar.

Como dizer que eu gosto dele sem assustá-lo?

Já saí cinco vezes com o homem em quem estou interessada. Foi muito legal – rimos, nos divertimos e aparentemente nos demos bem. Mas agora estou num momento delicado. Quero dizer que gosto dele e que estou começando a me envolver. Já tive experiências ruins com outros caras em relação a isso. Quando abri o jogo sobre o que estava sentindo, eles ficaram assustados e as coisas começaram a dar errado. Alguma sugestão sobre a melhor maneira de mostrar a um homem que estou interessada sem que ele fique apavorado e ache que pretendo me casar no dia seguinte?

Você precisa pensar a curto prazo para se comunicar a longo prazo. "Quando comecei a sair com a mulher com quem me casei, era óbvio que gostávamos um do outro, mas nenhum de nós mencionou nada sobre isso", diz Dylan, 39 anos. "O que achei bacana foi que, depois de um mês mais ou menos, ela disse que tinha planos de viajar num fim de semana dali a seis semanas e perguntou se eu gostaria de ir junto. Aceitei no ato, sem pensar muito. Agora, quando olho para trás, parece genial – foi a maneira perfeita de mostrar que ela queria um futuro para o nosso relacionamento sem ter que fazer aquela pergunta desagradável: 'Estamos namorando?'"

Dúvida feminina

Quando pergunto como estou com uma roupa, basta que ele diga uma coisa: "Linda!" Como ele consegue errar tanto a resposta?

Provavelmente porque ele já está há 35 minutos esperando você ficar pronta. (Mesmo assim, valeu pela dica.)

Por que a maioria dos homens não acha o tom certo no primeiro encontro?

O que acontece com os homens no primeiro encontro? Comigo é assim: ou saio com caras que só sabem falar sobre si mesmos ou com aqueles que acham que a única maneira de me impressionar é serem excessivamente românticos e sensíveis. Da última vez, o cara não parava de falar do trabalho dele, dos planos que tem para a vida e das maravilhosas viagens que já havia feito. Foi como se ele quisesse mostrar que tinha dinheiro. Por que eles têm que se esforçar tanto para que eu me sinta atraída?

O primeiro encontro é como uma entrevista de emprego. O homem sabe que, se não se sair bem, perderá a chance de ter algo a longo prazo que poderia muito bem ser o que ele sempre sonhou. Infelizmente, muitos caras extrapolam, achando que precisam exagerar para impressionar o entrevistador com um portfólio e um currículo espetaculares, em vez de relaxar e deixar que sua personalidade fale por eles. Essa é uma das áreas em que nos sentimos menos à vontade. Jon, 27 anos, diz: "Odeio primeiros encontros. Quero que a mulher me conheça, mas, se eu falar muito sobre mim, sei que ela não vai gostar. Por outro lado, se eu ficar de boca fechada, vou ser rotulado de chato." Embora muitos homens exagerem, tudo o que eles estão tentando fazer é fornecer informações para que vocês possam chamá-los para uma segunda entrevista.

Mistério masculino

28%

dos homens acham que não há problema em contar mentirinhas bobas para conseguir um primeiro encontro.

Dominando o universo masculino: o que você já aprendeu sobre os homens

- Ganhem nosso afeto com toques suaves e palavras doces.
- Existe uma diferença entre fazer joguinhos e participar do jogo. Amamos a caçada, a emoção e a expectativa do que poderá acontecer quando encontrarmos uma mulher que nos faça derreter mais rápido do que queijo numa chapa.
- Provoquem-nos, por favor.

DIGA ISTO HOJE!

A coisa mais sexy que já disseram a Mason, 35 anos:

"Não. Eu deixo você à vontade?"

(em resposta à seguinte pergunta: "Eu deixo você sem jeito?")

A coisa mais sexy que Laura, 32 anos, disse a um homem:

"Você é meu número."

O que os homens querem que as mulheres saibam sobre o amor

"O amor é ótimo e os homens o sentem tanto quanto as mulheres, mas nós talvez tenhamos vergonha de admitir."

– Garrett, 27 anos

"O amor é a coisa mais complicada de se entender. Não pode ser comparado com cerveja, sexo, rock nem com nenhuma das coisas sagradas para um homem. Mas, quando ele chega, caímos como moscas. Sim, vamos obedecer!"

– Jeremy, 32 anos

"Não é o amor que faz o mundo girar, mas ele faz a viagem valer a pena."

– Alex, 39 anos

"Para quase todos nós, o amor é confuso. Sabemos se amamos vocês ou não. No entanto, como a maioria de nós ainda se comporta como 'garotos', dizer 'Eu te amo' soa estranho e embaraçoso."

– Rod, 26 anos

"A vida não é uma novela."

– Brian, 25 anos

"Mesmo que eu não diga 'Eu te amo' no fim de cada telefonema para minha mulher, isso não quer dizer que eu não a ame."

– Bruce, 36 anos

"Os homens são mais sensíveis do que vocês podem imaginar. Mas não forcem a barra para que mostremos essa qualidade."

– Brady, 35 anos

"Às vezes, os homens falam com ações sutis, e não com palavras."

– Chang, 34 anos

"Também gostamos de presentes e massagens."

– Shaun, 29 anos

"O amor está nos momentos."

– Tim, 34 anos

"O amor não precisa ser mencionado para estar presente."

– Dom, 38 anos

"Quanto mais rápido os homens dizem 'Eu te amo', mais rápido eles dizem isso para outra pessoa."

– Trent, 29 anos

"Não há nada errado em ficar pelado o dia todo."

– Michael, 24 anos

"Os homens querem mais do que sexo num relacionamento. Gostamos de ser amados pela nossa personalidade. A velha história de que 'os homens oferecem amor por sexo' não faz sentido. Os caras que dizem só estar a fim de sexo são inseguros e não se conhecem o suficiente."

– Lee, 33 anos

| CAPÍTULO 15 |

Por que os homens precisam ficar sozinhos?

VOCÊ ACREDITARIA QUE ISSO NOS TORNA AMANTES MELHORES? FIQUE SABENDO O QUE DE FATO ACONTECE QUANDO OS HOMENS TÊM LIBERDADE PARA FAZER O QUE QUEREM – E COMO SEU RELACIONAMENTO SE TORNARÁ MUITO MELHOR POR CAUSA DISSO.

Perguntamos aos homens:

A quem você pede conselhos sobre relacionamentos?

Ao melhor amigo	17%
A um amigo	15%
A uma amiga	14%
À mãe ou ao pai	10%
A um irmão	3%
Outros	40%

DOUG, 27 ANOS, DESIGNER GRÁFICO DA CALIFÓRNIA, está namorando há oito meses. Ele e a garota costumam passar três ou quatro noites juntos durante a semana, além de todo o fim de semana. De vez em quando, Doug quer sair com um grupo de amigos que se relacionam desde a faculdade. "Vamos a um bar, assistimos a um jogo e ficamos de bobeira. Acontece que minha namorada é ultraparanóica. Não sei exatamente por que, mas acho que ela me imagina cercado de mulheres ou paquerando alguém, por isso reclama toda vez que digo que estou planejando sair com eles. Isso já está me cansando."

O que a namorada de Doug não entende é que sair com os amigos é uma injeção de ânimo para o relacionamento, e não o contrário. Talvez vocês saiam com suas amigas para tomar café e falar de novela. Nós tomamos cerveja e conversamos sobre esportes.

"Anos atrás, alguns amigos meus começaram a comentar como seria legal viajar para jogar golfe – apenas nós quatro, golfe, charutos, cerveja e bons restaurantes no jantar", diz Jack, 36 anos, gerente de uma empresa em Ohio. "Eu não estava infeliz no casamento. Só queria passar alguns dias fazendo programas de homem. Então organizei a viagem. Fomos para um lugar de praia, jogamos golfe, bebemos um pouco – foi ótimo. E quer saber de uma coisa? Algumas semanas depois, minha mulher disse que eu estava mais atencioso e que parecia mais feliz. Não foi algo consciente nem nada parecido, mas acho que parte de mim ficou contente por ela não ter reclamado do passeio. E, por estar longe, senti falta dela. Aquilo me deu um ânimo novo."

A renovação de um relacionamento não precisa ocorrer na forma de uma viagem só para homens a um paraíso tropical nem de um passeio à Europa (ainda que não exista nenhum problema com esses programas). Só necessitamos de um tempo sozinhos – isso nos dá a oportunidade de jogar, beber, rir, paquerar e sair da rotina. A reunião do Clube do Bolinha – seja num fim de semana, numa noite ou durante um jogo – é a nossa maneira de ter contato com a vida que levávamos antes de conhecer vocês. Isso não significa que essa vida antiga seja melhor do que a atual. Só quer dizer que necessitamos de momentos só nossos de vez em quando.

- **"Um homem precisa de um pouco de espaço e tempo para si mesmo, com os amigos, longe da**

mulher ou namorada. Isso não quer dizer que não amemos vocês, mas não é saudável ficarmos juntos o tempo todo", diz Keith, 38 anos.

- **"As mulheres não entendem o valor de uma pessoa ficar sozinha. Se o cara quer sair e beber com os amigos, elas deveriam entender que isso é saudável"**, diz Jonathan, 23 anos.
- **"Não acho que as mulheres vejam esse momento só para os homens como uma oportunidade de descarregarmos o estresse. Para elas, nessas situações, os caras ficam mais soltos, e isso as deixa nervosas. Elas acham que vamos gostar tanto de ficar com os amigos que não voltaremos mais para o relacionamento"**, diz Eddie, 34 anos.

A maneira mais garantida de fazer um homem fugir de um relacionamento é sufocá-lo. A lógica dirá que a melhor forma de mantê-lo na relação é dar a ele espaço para correr.

O QUE DIZER, O QUE NÃO DIZER

Diga: Se é disso que você gosta, tudo bem.

Nunca diga: Por que você perde tempo fazendo isso?

Por quê? Amar significa aceitar com bom humor as obsessões idiotas um do outro.

Diga: Gostaria de ir com você um dia desses.

Nunca diga: Posso ir junto?

Por quê? Se ele quisesse chamar você dessa vez, já teria falado.

Diga: É muito importante para mim que você me acompanhe.

Nunca diga: Você quer vir comigo?

Por quê? Ele não quer, mas irá se souber que é importante.

Por que um homem prefere jogar futebol a passar a manhã na cama comigo?

O que o futebol tem de tão especial? Qual é o atrativo? Do que vocês ficam falando depois do jogo? Por que demoram tanto a voltar?

Quer saber sobre o que os homens falam depois do jogo? Sobre vocês. Brincadeira. Comentamos nossos lances na partida. "Sentimos necessidade de ficar um pouco com outros caras. Somos competitivos e precisamos de alguma coisa que dê vazão a isso", diz Seth, 30 anos. Veja o exemplo de Garry, 39 anos, que joga futebol uma vez por semana. "Vou sempre com os mesmos amigos. Em geral, conversamos sobre futebol e outros esportes. Mas, se um de nós está com um problema em casa, ele fala sobre isso e nós fazemos gozações. Depois, continuamos o papo sobre futebol. É uma boa oportunidade para desabafar os problemas e deixá-los de lado por um tempo."

O que significa quando:

Ele diz que quer fazer uma viagem de fim de semana com os amigos.
Não importa se a desculpa é jogar futebol, pescar ou andar de bicicleta. Ele precisa se lembrar, ocasionalmente, dos seus tempos de faculdade.

Ele diz que vai chegar à meia-noite, mas chega às 4 horas da manhã.
Ele não quer que você pense que pode se divertir sozinho. Ainda que isso seja inevitável.

Ele se masturba mesmo quando faz sexo com freqüência.
Os homens precisam trocar o óleo regularmente. Algumas semanas mais do que outras. Sem ofensas.

Por que não posso ir junto quando ele sai com os amigos?

Meu marido vai participar de uma reunião com os ex-colegas da faculdade daqui a algumas semanas e deu a entender que quer ir sozinho. Conheço esses amigos dele – são boas pessoas, estão casados ou em relacionamentos longos. Por isso não acredito que façam algo idiota. Em todo caso, essa reunião está parecendo uma despedida de solteiro, já que não fui convidada a participar. Estou estranhando porque meu marido sempre foi ótimo, nunca deixou de me incluir em nada. Devo me preocupar? Não gostaria que ele fizesse alguma coisa que pudesse destruir nosso relacionamento.

Para muitos homens, a época da faculdade representou um oásis em meio a um deserto de chatice – foi quando eles descobriram uma série de coisas legais, como a cerveja, os altos papos com outros caras, os esportes e as mulheres. Seu marido não está excluindo você, só está tentando tomar um gole da água desse oásis. "Os homens precisam ser homens, fazer coisas de homem, sair com outros homens", diz Rusty, 30 anos. "Só porque não queremos fazer tudo com vocês, isso não significa que não queremos estar com vocês. Há uma parte de nós que as mulheres não podem preencher."

Mistério masculino

64%

dos homens dizem ficar felizes por terem um tempo para si mesmos quando suas mulheres ou namoradas saem sem eles.

O que exatamente ele faz quando sai com os amigos?

Isso é estranho. Meu namorado e eu temos um acordo: a cada duas semanas, saio com minhas amigas, e ele sai com a turma dele. Na última vez, meu grupo, por acaso, foi para o mesmo bar onde ele estava com os amigos, uns cinco ou seis caras. Ao entrarmos, vimos que eles estavam conversando com três mulheres muito bonitas. Quando me aproximei, meu namorado não se abalou nem tentou esconder nada. Mas aquela cena me deixou muito grilada. Se o significado de sair com os amigos é esse, então não é bem o que eu imaginava. Para mim, eles bebiam cerveja e assistiam a jogos, coisas típicas de homens. Não sabia que era a noite da caçada. Se tiver que ser assim, não tenho certeza se quero continuar com ele.

Mistério masculino

50%

dos homens consideram traição ir a um clube de striptease.

Rodney, 34 anos, e um amigo estão casados há cinco e 12 anos, respectivamente. Uma vez por mês, eles saem para jantar e depois bebem alguma coisa. "Costumamos ir a lugares badalados. As pessoas são cerca de seis anos mais novas do que nós, mas tudo bem. Embora eu não leve muito jeito para puxar assunto com desconhecidos, meu amigo é bom nisso e acaba fazendo com que algumas mulheres conversem conosco, só por conversar. Nada acontece, é apenas diversão", diz ele. Quando os homens saem em grandes grupos, é natural que encontrem mulheres e batam papo com elas. Nesse caso, há os que são o cérebro da operação, os cúmplices, os que só estão a fim de ver o que vai acontecer e outros que não desejam tomar parte em nada que prejudique seu relacionamento. Lembre-se de uma coisa: o fato de seu namorado sair com os amigos não significa que ele faz isso para trair você. O caráter dele sempre falará mais alto do que a índole dos amigos.

Dúvida feminina

Nós transamos três ou quatro vezes por semana. Ainda assim, quando está na frente dos amigos, ele faz piadas sem graça sobre não transar um número suficiente de vezes. Por que ele se comporta assim?

Não faço idéia. Ao dizer isso (na sua frente), ele está praticamente garantindo que a situação não vai melhorar.

Dominando o universo masculino: o que você já aprendeu sobre os homens

- Nossa interação com os amigos produz mais do que apertos de mão empolgantes, conversas sobre esportes e comentários obrigatórios quando uma mulher bonita passa na nossa frente. Esses momentos nos dão a oportunidade de sair um pouco do relacionamento, e isso faz com que sejamos melhores quando voltamos para a relação.

- Tentar vencer nossos amigos no futebol, no tênis, no vôlei, na sinuca, em apostas ou em qualquer outro tipo de competição preenche uma necessidade que nós não conseguiríamos satisfazer com as mulheres.
- A vida era boa aos 21 anos. Não melhor, apenas boa. Às vezes, um homem quer se sentir com 21 anos novamente, mesmo que ele tenha 41.

DIGA ISTO HOJE!

A coisa mais sexy que já disseram a Carlos, 28 anos:

"De novo."

A coisa mais sexy que Kristin, 31 anos, disse a um homem:

"Que tal se deitar na cama e deixar eu me aproveitar de você?"

| CAPÍTULO 16 |

O que ele acha de verdade do seu corpo?

SEU PARCEIRO JAMAIS LHE DIRÁ ISSO. MAS OS HOMENS MENCIONADOS NESTE LIVRO NÃO TÊM TANTA VERGONHA...

Perguntamos aos homens:

Com que freqüência você fantasia
com outras mulheres quando está num relacionamento?

Diariamente	13%
Semanalmente	10%
Mensalmente	4%
De vez em quando	52%
Nunca	21%

DOIS ANOS ATRÁS, PATRICK, 32 ANOS, sargento do Colorado, estava se preparando para sair com a esposa, Lori. Ela estava se vestindo e fez um comentário de como estava chateada com o fato de suas calças não lhe servirem mais. "Ela disse que não acreditava que tinha engordado 10kg desde o início do nosso casamento, que estava frustrada por não conseguir perder peso e começou a falar de si mesma como a esposa gorda. O que eu podia dizer? Por nada no mundo comentaria que o peso dela estava me incomodando", conta ele.

Patrick, portanto, respondeu da maneira como deveria – com afirmações que asseguravam que esse tipo de julgamento superficial não tinha lugar no casamento deles. "É claro que eu preferiria que ela estivesse com o mesmo peso que tinha na época em que nos casamos, mas disse que a amava, que ainda a achava sexy e que não ligava para isso, o que é verdade, embora eu talvez tenha romanceado um pouco a resposta."

A realidade é que nós ligamos para isso.

"Não acredite que um homem não se importa com as aparências nem com os 5kg que você engordou", diz Trent, 35 anos. "Alguns caras tentam ser carinhosos para não magoar a mulher, mas todos nós notamos e valorizamos muito um corpo sexy."

Talvez, porém, não nos importemos tanto quanto vocês pensam – ou pelas razões que imaginam. Vamos verificar os números: um terço dos homens diz criticar silenciosamente o corpo da parceira durante o sexo e um terço afirma não estar satisfeito com o peso atual dela. No entanto, há mais fatores envolvidos na história de que os homens impõem padrões injustos para as mulheres – de serem curvilíneas em algumas áreas e retas em outras – do que pode parecer. Costumamos nos preocupar com o corpo de vocês porque ele nos deixa mais excitados. (Que tal essa simples verdade sobre a testosterona?) Mas também existe outra razão – e ela está mais ligada ao que vocês fazem com seu corpo do que o que nós fazemos. Quanto mais se sentirem bem com ele, mais coisas farão com o nosso.

O QUE DIZER, O QUE NÃO DIZER

Diga: Você acha que estou bonita?

Nunca diga: Você acha que estou gorda?

Por quê? Ele não vai pensar nisso até que você mencione o fato.

Diga: Você é sexy.

Nunca diga: Você ainda me acha sexy?

Por quê? A melhor maneira de ganhar os elogios que você quer é elogiar primeiro.

Diga: Transar no escuro me faz sentir como um animal.

Nunca diga: Não acenda as luzes! Não quero que você veja minha celulite.

Por quê? Chamar a atenção dele para os problemas que você vê no seu corpo não deixará nenhum dos dois com mais vontade de transar.

- **"Quando finalmente atingiu o peso que queria após fazer uma dieta, minha mulher perdeu muitas das inibições que tinha a respeito do próprio corpo. No dia em que alcançou o peso pretendido, ela colocou um vestido preto e ficou me esperando. A casa estava cheia de velas. Transamos assim que cheguei"**, diz Randall, 39 anos.
- **"Minha esposa é ótima na cama. Ela tem um corpo perfeito e adora transar. Minha ex-mulher também tinha um corpo bonito, mas não sentia a mesma confiança e acabava não 'fazendo muita coisa' durante o sexo. Acho que ela não gostava tanto assim, por isso não transávamos com freqüência"**, diz Jim, 43 anos.
- **"A melhor transa da minha vida foi com uma mulher que conheci numa competição de ciclismo. Ela estava tão em forma quanto eu e era sensacional tocar seu corpo – o mais firme de todas as mulheres com quem já estive"**, diz Joel, 23 anos.

Gostamos do corpo de vocês por razões relacionadas ao nosso próprio prazer? É claro. No entanto, também damos tanta importância ao que vocês fazem com ele quanto para a forma que exibem. A verdade é que temos mais prazer físico – direta e indiretamente – quando seu corpo está na melhor forma e, mais importante do que isso, quando vocês acham que ele está melhor ainda.

Por que os homens querem as luzes acesas?

Sou envergonhada na cama. Sei que meu marido provavelmente fica frustrado, mas não gosto de luzes acesas nem de ficar nua. Meu corpo não é tão ruim assim, embora meu traseiro seja um pouco maior do que eu gostaria. Por que ele precisa olhar?

"Os homens ficam excitados com a aparência feminina. É assim que nossos motores começam a funcionar", diz Harry, 29 anos. Porém, não confunda nosso amor, nossa admiração e nosso desejo pelo corpo de vocês com uma mensagem de que nossos olhos são as fontes primárias que nos fazem sentir prazer. Luzes apagadas? Sem problemas. Não gostariam de tirar a roupa toda? Certo. Querem que ignoremos certas partes do seu corpo porque vocês não se sentem bem com elas? Basta dizer. Quando se trata de sexo, seu conforto será o nosso prazer. "Quero que minha namorada fique por cima, coisa que ela não gosta de fazer porque acha que tem uma barriguinha", diz Derek, 27 anos. "Certamente, eu preferiria que ela não tivesse nenhuma inibição e que quisesse fazer qualquer coisa a ter o corpo mais perfeito do mundo e ficar lá deitada sem ação." Em outras palavras, se vocês precisam que algumas coisas sejam feitas de modo especial para que se sintam à vontade, tudo bem. Mas então sigam em frente e relaxem – e mostrem-nos do que são capazes!

Mistério masculino

43%

dos homens acham que uma mulher que faz sexo vestindo uma peça de roupa ou um sapato é mais sexy do que quando está completamente nua (as três favoritas são: corpete, meia sete-oitavos e sapato de salto alto). (*MH*)

Por que ele não me ajuda a emagrecer?

Falo abertamente com meu marido sobre o fato de que não estou contente com meu corpo – que gostaria de perder peso, de comer coisas mais saudáveis, etc. Mas ele não me apóia muito. Não fala sobre isso, não vai à academia comigo (ainda que também precise entrar em forma) nem me incentiva. Tenho certeza de que ele ficaria feliz se o tamanho do meu manequim diminuísse um pouco, então por que não me ajuda?

Porque falar com vocês sobre seu peso é como entrar na jaula dos leões com uma armadura feita de suculentos pedaços de carne. "Quando minha mulher começou uma dieta, tentei incentivá-la e ajudá-la, mencionando informações que tinha lido sobre nutrição e exercícios", diz Louis, 44 anos. "Depois de um tempo, passei a me sentir mais um técnico do que um marido. Achei que estava dando uma de superior, orientando-a a fazer isso ou tentar aquilo. Ela nunca mencionou que isso a incomodava, mas eu não me sentia à vontade com esse assunto." Talvez seu marido esteja se resguardando para evitar que você pense que ele não está satisfeito com seu corpo, que está chamando sua atenção para isso ou que a ama menos porque você precisa emagrecer. Não creio que ele não esteja disposto a ajudá-la. Acho que ele tem medo de que o que você diz querer não seja realmente o que você quer.

Mistério masculino

58%

dos homens dizem considerar a inteligência de uma mulher mais sexy do que um ótimo corpo.

O que significa quando:

Ele acompanha seriados para adolescentes.
É uma maneira aceitável (ainda que pouco) de ver mulheres bonitas, mesmo que jovens demais para ele, com pouca roupa.

Ele apaga as luzes na hora do sexo.
Não é porque ele não queira ver seu corpo (isso ele quer, com certeza). Mas se sente tão pouco à vontade quanto você com a luz acesa. A melhor solução é ter um dimmer e usar pouca iluminação.

Ele diz que gostou do seu novo corte de cabelo.
Ele preferia quando estava mais comprido.

Como os homens se sentem em relação a cirurgias plásticas?

Tenho 39 anos e as coisas no meu corpo já não estão tão empinadas quanto eram. Embora eu não seja gorda, gostaria de fazer algumas mudanças, lifting nos seios e talvez uma lipoaspiração na barriga. Mencionei isso para meu marido e achei que ele seria totalmente a favor, no entanto ele se mostrou indiferente e até chegou a dizer que seria um desperdício de dinheiro. Fico feliz que ele esteja contente com meu corpo, mas por que ele não me apóia em algo que me deixará mais feliz?

Os homens podem ter um instinto de proteção mais forte do que o de uma mamãe pássaro com seus filhotes. Ainda que seu marido venha a se beneficiar das suas novas formas, ele sabe que as dezenas de homens que vêem você todos os dias também terão algum benefício. "Minha mulher colocou próteses nos seios e fez uma plástica no abdômen. Ela está se sentindo extremamente melhor consigo mesma. Mas eu diria que a nova aparência a deixou um tanto convencida. Ela começou a andar de nariz em pé. As cirurgias não modificaram apenas o corpo dela. Alteraram seu jeito de ser", diz Joseph, 37 anos. A maioria dos homens fica feliz com a idéia de que suas mulheres adquiram a melhor aparência possível e se sente bem com isso. De qualquer forma, são cheios de dedos quanto a mudanças, mesmo que para melhor.

Dúvida feminina

Por que ele nunca nota quando corto o cabelo ou o pinto de outra cor? Será que ele não olha para mim?

Não é que ele não repare, mas você lhe deu apenas quatro segundos e meio antes de perguntar por que ele não percebeu (para depois poder dizer a suas amigas que ele não notou). É preciso dar um tempo para que ele se acostume e lhe faça o elogio que você merece.

Dominando o universo masculino: o que você já aprendeu sobre os homens

- Tudo o que diz respeito ao corpo feminino se relaciona a sentir: como vocês se sentem quanto a ele e com que freqüência podemos senti-lo.
- Poucas coisas no mundo nos dão tanto prazer quanto ver e tocar o corpo de uma mulher e interagir com ele.
- Se uma mulher quer uma resposta honesta a respeito da sua aparência, deve fazer a pergunta a um professor de Educação Física, a um médico ou à platéia de um programa de TV. Temos nossa opinião, mas, se algum dia dissermos qualquer coisa diferente de "Você é linda", é porque ficamos dementes.

DIGA ISTO HOJE!

A coisa mais sexy que já disseram a Bobby, 24 anos:

"Grandão."

A coisa mais sexy que Suzy, 33 anos, disse a um homem:

"Tudo o que estou usando é meu iPod."

| CAPÍTULO 17 |

Por que os homens trabalham tanto?

TRABALHAMOS MUITO PORQUE SIMPLESMENTE MORREMOS DE MEDO DE FICAR SEM UMA OCUPAÇÃO. VEJA AQUI AS PALAVRAS SUAVES QUE PODEM TRANSFORMAR UM WORKAHOLIC NUM HOMEM MAIS CASEIRO E FELIZ.

Perguntamos aos homens:

O que faria com que você se sentisse mais feliz?

Ganhar um aumento de 50%	35%
Perder 10kg imediatamente.	29%
Trabalhar menos e ficar mais tempo com a família	17%
Nenhuma dessas opções	11%
Namorar uma celebridade/modelo	8%

ÀS VEZES, EU SEI, PARECE QUE nosso trabalho é que anda no banco do carona, enquanto vocês ficam relegadas ao assento de trás do carro. O emprego toma nosso tempo, nossa atenção e nosso empenho, enquanto vocês ficam se perguntando por que não conseguimos lhes dedicar uma fração de todo esse entusiasmo.

"Minha namorada não me agüenta mais", diz Byron, 34 anos, funcionário de uma empresa na área de tecnologia médica. "Tenho trabalhado até tarde durante a semana, algumas horas aos sábados e às vezes até aos domingos. Tivemos uma briga séria –

sobre por que o trabalho é sempre prioritário, por que ele não acaba, por que nunca tenho tempo para ela. Tentei explicar que não tenho muita escolha – se eu disser para meu supervisor que não agüento o tranco ou se não fizer o que me foi pedido, vou parecer incompetente e não conseguirei ser promovido nem ter benefícios no futuro. Ela disse que entenderia se eu estivesse recebendo pelas horas extras, mas que a sobrecarga não estava me fazendo ganhar mais. Sei que ela está certa – não faço isso pelo dinheiro. É que não quero ser apenas um colaborador. Quero ser *o* cara."

Nosso instinto básico – aquele que nos levou a conquistar vocês – é o mesmo que nos motiva a trabalhar e nos esforçar tanto. Para um terço dos homens, a carreira – ao lado da personalidade – é o fator que define seu caráter para as outras pessoas. Costumamos nos dedicar muito ao que fazemos para mostrar quem somos.

É por essa mesma razão que trabalhamos como britadeiras. Não trabalhar duro não é uma opção. Seria uma falha, uma decepção e uma rachadura na nossa personalidade. Pensando de forma prática, estamos preparados para perder o emprego porque sabemos que podemos conseguir outro. Porém, não estamos preparados para ser medíocres nem considerados como tal.

Jeremy, 42 anos, vice-presidente de uma grande empresa de artigos esportivos em Nova York, conta que a esposa, que também tem uma carreira, disse a ele que estava cansada de vê-lo trabalhar o tempo todo, pois, mesmo quando estava em casa, ele não conseguia se livrar do estresse do escritório.

"O que a deixou irritada foi o fato de termos planejado passar uns dias em Miami, só nós dois, e, na véspera da viagem, eu ter sido encarregado de realizar um projeto para um cliente", ele diz. "Não foi uma tarefa da qual eu pudesse me desvencilhar, mas, para minha mulher, eu deveria ter dito ao presidente da empresa e ao cliente que não estava disponível e que só poderia terminar o projeto quando voltasse da viagem. Expliquei a ela que só podemos fazer passeios como aquele e termos uma bela casa e tantas outras coisas porque trabalho duro. Então, durante os nossos primeiros dias fora precisei dedicar algumas horas àquela tarefa. Sei que não foi certo fazer isso, porém não tive escolha."

Atualmente, Jeremy tem um acordo com a mulher. Eles procuram tirar férias por duas semanas duas vezes por ano, além de fazerem outras viagens mais curtas. Ele também concordou em desligar o celular durante uma semana no ano – haja o que houver. "Ainda não é o ideal, mas já é melhor", diz.

Claro que preferimos estar de frente para o mar a estar diante do monitor. Não há dúvida de que gostaríamos de nos livrar do estresse do trabalho quando chegamos em casa. E, sim, adoraríamos diminuir nossa jornada de trabalho. Mas é que, às vezes, nosso ego, nossa determinação e nossa busca por uma reputação perfeita atrapalham.

O QUE DIZER, O QUE NÃO DIZER

Diga: Será que podemos reservar uma noite nesta semana para jantarmos fora?

Nunca diga: Você vai ter que fazer hora extra de novo?

Por quê? É melhor pedir o que você quer do que reclamar do que você não recebe.

Diga: Você tem trabalhado tanto... deveríamos fazer algo divertido hoje.

Nunca diga: Você trabalha demais.

Por quê? Ele precisa do seu apoio. Sem isso, nada mais parece divertido.

Diga: Se você perder seu emprego, encontrará outro melhor.

Nunca diga: Se você perder seu emprego, poderemos economizar e viver com o mínimo.

Por quê? Sua confiança fortalece a confiança dele.

Por que ele não consegue diminuir o ritmo de trabalho?

Meu marido trabalha 60 horas de segunda a sexta-feira – das 8 da manhã às 8 da noite. Quando chega em casa, fica no computador por mais algumas horas e ainda trabalha mais um pouco no sábado. Ele não faz isso por causa de dinheiro, afinal ganhamos o suficiente para ter uma vida confortável. Sei que quer mostrar serviço, ser promovido, essas coisas. Mas por que ele está sacrificando nosso relacionamento por causa da carreira? O trabalho não vai diminuir, então por que ele não aprende a relaxar um pouco com as tarefas ou faz outra coisa que torne tudo isso mais fácil?

Para ele, isso não é uma escolha entre você e uma pilha de pastas de arquivo. (Você já viu uma pasta de arquivo usar salto alto?) "Minha mulher acha que coloco o trabalho em primeiro lugar porque passo muito tempo no escritório", diz Conner, 30 anos. "Para mim, uma coisa não exclui a outra. Gostaria que ela entendesse que enfrento pressões na empresa e que preciso ser bem-sucedido para ganhar o dinheiro que nos proporciona uma vida confortável." Muitos homens não conseguem deixar o trabalho de lado porque têm medo de que, se fizerem isso, todo o resto pare de funcionar.

O que significa quando:

Ele usa a camisa de um time depois dos 25 anos.

Chame-o do que quiser – nerd, exibido, criançao. Ele pode ser tudo isso ou nada disso, mas, depois que terminamos a faculdade, o mundo dos esportes serve como um lugar para descarregar a testosterona, o espírito competitivo e, com freqüência, um pouco de paixão.

Ele diz que precisa fazer hora extra novamente.

Na maioria das vezes, ele quer adiantar as tarefas ou evitar que elas se acumulem. Isso não significa que está se encontrando com outra mulher.

Ele começa a organizar a casa toda.

Ele está com TPM profissional. Limpar e organizar as coisas são ações que o ajudam a lidar com o trabalho, os prazos e o estresse.

Meu namorado não consegue parar num emprego. Devo me preocupar?

Meu namorado e eu estamos juntos há quatro anos e, nesse período, ele teve seis empregos. É verdade que foram todos na mesma área (informática), mas ele muda de empresa muito mais do que considero normal para um homem de 33 anos. Acontece o seguinte: ele começa no trabalho, diz que está achando ótimo durante alguns meses e depois reclama que não é respeitado e que é tratado tão mal que precisa sair. Eu o apóio nas mudanças, porém há algo errado nisso. Será que estou exagerando?

Não sou o psiquiatra dele e não posso julgar um homem que vê oportunidades e avança na carreira. Mas, assim como você, não estou totalmente convencido de que seja esse o caso. Isso me deixa em dúvida sobre quem está insatisfeito com a situação – seu namorado ou as pessoas para quem ele trabalha. Ainda que seja verdade que alguns homens se acomodam e outros escalam a cadeia de promoções, a pergunta a que você deve tentar responder, porque isso pode afetar seu relacionamento, é: ele está fugindo de alguma coisa ou apenas procurando um emprego melhor?

Mistério masculino

8%

dos homens dizem que, depois da personalidade, o dinheiro é o fator que melhor define seu caráter.

Mulher curiosa

Por que os homens se esforçam tanto para ser a pessoa mais engraçada da mesa? É como assistir a um amador tentando fazer comédia – é doloroso de tão ruim.

Porque todas as mulheres, em todos os filmes, em todos os programas de TV, em todas as colunas de fofoca, em todos os artigos de revistas, em todas as sessões de reclamação com as amigas e em todas as profissões, dizem que querem um homem que tenha senso de humor.

Por que ele não é capaz de se dedicar à nossa vida pessoal da mesma maneira que se empenha no trabalho?

Um dia desses, meu marido resolveu consertar uma rachadura na parede do nosso apartamento. Para encurtar a história: ele "deu um jeito", mas a verdade é que ficou um horror. Eu me irritei porque ele nem tentou fazer direito. Disse-lhe que achava interessante como ele se empenhava para ser o astro da empresa em que trabalha e, em casa, fazia as coisas de qualquer modo. Ele negou. Garantiu que havia dedicado tempo ao conserto, porém que não dera certo. Por que ele se esforça para ser perfeito no trabalho e não age assim quando tem que resolver alguma coisa em casa?

Porque a platéia na empresa daria para encher um pequeno estádio e o público em casa é você. Ele presume que você aceitará algumas falhas e imperfeições, enquanto ninguém no trabalho agirá assim (mas está claramente enganado). "Minha esposa me acusou de realizar os serviços em casa de qualquer jeito, de um modo que eu nunca faria no trabalho", diz Xavier, 30 anos. "Realmente, não posso negar isso, mas não ajo com má intenção. É que não tenho energia suficiente para ser perfeito em casa e na empresa."

Mistério masculino

63%

dos homens dizem que é sexy sair com uma mulher que ganha mais do que eles.

Dominando o universo masculino: o que você já aprendeu sobre os homens

- Trabalhamos para suprir várias necessidades básicas – massagear nosso ego é uma delas.

- Para progredir no mundo dos negócios, achamos que temos que pular três degraus de cada vez. Mas, se pisarmos em falso, tememos cair e ter que começar de novo, desde o início.
- Em geral, nos sentimos culpados quando temos que trabalhar em momentos em que deveríamos estar com nossas mulheres. Se vocês esperarem o fim da nossa crise de estresse para nos confrontar, poderemos falar sobre maneiras de reservar um tempo para nossa vida em comum e um tempo para o trabalho. Dessa forma, todos nós ficaremos felizes.

DIGA ISTO HOJE!

A coisa mais sexy que já disseram a Cam, 30 anos:

"Estou sem calcinha."

A coisa mais sexy que Alexis, 28 anos, disse a um homem:

"Você é o cara com quem quero transar pelo resto da vida."

| CAPÍTULO 18 |

O que a primeira cantada de um homem diz sobre ele?

COMO DISTINGUIR UM HOMEM BACANA QUE LHE DÁ UMA PÉSSIMA CANTADA DE OUTRO QUE NÃO ESTÁ COM NADA MAS QUE LHE DÁ UMA ÓTIMA CANTADA – E ASSIM PODER COMEÇAR COM O PÉ DIREITO.

Perguntamos aos homens:

Sobre o que você mentiria num primeiro encontro?

(Os participantes podiam escolher mais de uma opção.)

Estar interessado em mais do que apenas sexo	58%
A renda pessoal	35%
A vontade de se comprometer	34%
O estado civil	20%
Outras coisas	20%

SIM, ESTAMOS VENDO VOCÊ. Você aí, passando o dedo pelos cabelos como se tocasse uma harpa. Vemos você rir quando sua amiga conta uma piada. Estamos vendo sua blusa apertada com decote em V, que manda impulsos elétricos do nosso cérebro para o corpo inteiro. No momento em que notamos sua presença, sabemos que seria muito melhor conversar do que ficar olhando à distância. O problema? A ponte que nos separa é instável, não oferece proteção e existe a possibilidade de uma longa queda rumo à humilhação pública.

Isso faz com que a jornada até vocês nos deixe hesitantes. Dá para entender?

- **"Não há mistério – temos medo de rejeição, não importa quanto tentamos dizer o contrário"**, diz Brad, 29 anos.
- **"Em sua maioria, os homens não têm autoconfiança na hora de se aproximar de uma mulher bonita, mesmo que não estejam pensando em sexo naquele momento"**, diz Jeffrey, 31 anos.
- **"Vou com meus amigos para bares, mas juro que, toda vez que decido falar com uma mulher, me sinto como na primeira vez que joguei no campeonato infantil de futebol e tive que cobrar um pênalti. Não sei se vou tropeçar na bola, chutá-la para fora ou se vou marcar o gol"**, diz Zach, 24 anos.
- **"Algumas vezes gostamos de nos sentir atraentes. A coisa mais sexy do mundo é quando uma mulher dá em cima de você"**, diz Craig, 30 anos.
- **"Os homens morrem de medo de ser rejeitados. Prefiro ficar sozinho para sempre a correr o risco de ser repelido"**, diz Oliver, 34 anos.

O QUE DIZER, O QUE NÃO DIZER

Diga: Poderíamos sair juntos um dia desses.

Nunca diga: Você vai fazer alguma coisa interessante no fim de semana?

Por quê? A maioria dos homens é modesta demais para presumir que qualquer coisa que não seja uma pergunta direta possa ser um convite.

Diga: O que você gosta de fazer?

Nunca diga: Qual é seu cargo na empresa?

Por quê? Você está interessada no homem, e não no contracheque dele.

Diga: Vamos para um lugar com mais privacidade?
Nunca: (Silêncio.)
Por quê? Os homens têm medo de ir com muita sede ao pote – portanto, se você quer que as coisas avancem, deixe isso bem claro.

Diga: Você beija muito bem.
Nunca: (Silêncio.)
Por quê? Um pouco de incentivo fará com que ele se sinta mais confiante – o que resultará em experiências ainda melhores para você.

Ainda que alguns homens tenham coragem, carisma e confiança para falar com qualquer pessoa a qualquer hora (ou pelo menos pareçam ter todas essas coisas), há muitos de nós que preferem ser torturados com um iPod cheio de músicas da Enya a puxar conversa com uma mulher desconhecida (especialmente se ela estiver com um grupo de amigas).

Isso acontece porque existem poucas situações em que a possibilidade de rejeição se faz tão presente.

Jeff, 24 anos, designer de sistemas de som, estava num restaurante quando encontrou uma mulher que lhe fora apresentada rapidamente dias antes por um amigo do trabalho. Eles conversaram apenas por alguns minutos porque ela já estava de saída. "Não sei dizer o que foi, mas a coisa bateu bem e resolvi ligar para ela", ele diz. "Dois dias mais tarde, telefonei e saímos. Continuo com ela, nove meses depois, porém nunca contei que precisei praticar por uma hora o que ia dizer antes de ligar da primeira vez. Sei que isso parece coisa de adolescente. Acontece que eu estava muito nervoso, como sempre fico nessas situações, pois sabia que ela era ótima e não queria estragar tudo."

Jeff se sentiu mais à vontade porque, de certa forma, eles já haviam sido apresentados. No entanto, a situação fica mais desconfortável do que um sapato apertado quando se trata de uma mulher desconhecida. Charles, 34 anos, promotor público, diz que não se sente confiante o suficiente para se aproximar de estranhas. "Sou solteiro, tenho um bom emprego e uma aparência razoável, acho. Não é que eu não tenha o hábito de conversar com pessoas. Mas sempre há alguma coisa que me impede de dar o primeiro passo em direção às mulheres", diz ele. "Quando tento puxar conversa sem nenhuma preparação, me sinto formal e programado, como se fosse um robô. Nem imagino quantas oportunidades já perdi porque não tive coragem de tomar a iniciativa."

A mesma pergunta pode ser feita às mulheres: quantas chances vocês já perderam porque um homem não teve coragem de dar o primeiro passo? Será que a culpa é de vocês? Talvez. Ajudem-nos deixando a travessia da ponte mais fácil. Ficamos tão enrolados nessa primeira tentativa de aproximação quanto um homem solteiro na cozinha. Procurem nos dar um sinal – ou dois – de que a ponte é segura e que podemos seguir por ela sem susto. (Sorrisos funcionam muito bem.) Melhor ainda, venham para o nosso lado da ponte antes mesmo que tenhamos ido para o seu.

O que significa quando:

Ele está sozinho num bar.
Ele está à vontade sozinho num bar, mas talvez não tão à vontade em estar sozinho na vida.

Ele se oferece para cozinhar para você no terceiro encontro.
Ele possui habilidades importantes (para mostrar que seria um bom companheiro), tem um apartamento limpo (para mostrar

que seria um bom companheiro) e tem lençóis macios (caso você queira transar).

Ele pega seu celular e grava o número dele.
Está desafiando você a mandar um torpedo nas próximas 24 horas. Você está pronta para um jogo de xadrez de relacionamento?

Por que ele não toma a iniciativa?

Gosto de um cara do meu trabalho: ele é inteligente, engraçado e não se leva muito a sério. Sei que terminou com a namorada há alguns meses. Sou solteira e adoraria sair com ele, mas não vou tomar a iniciativa de convidá-lo. Acho que tenho dado alguns sinais – indo até à sala dele mais do que o normal e chamando-o para almoçar com o pessoal do meu departamento. Ele parece estar interessado, embora ainda não tenha feito nada a respeito. Será que ele não vê que estou a fim?

Alguns homens têm dificuldade em ver as coisas como elas são. Seja qual for a experiência que tenham, eles tentam ler os sinais, mas costumam entender tudo errado. No seu caso, o cara pode ter captado a mensagem e estar ponderando as vantagens e desvantagens de sair com uma colega de trabalho – ou, quem sabe, já esteja envolvido com a Maria, do departamento de vendas. De qualquer forma, você está sendo tão clara quanto um espelho. Gostamos de paquerar, porém também adoramos mulheres que atacam primeiro. "Na minha vida, apenas três mulheres tiveram coragem de me chamar para sair", diz Kyle, 30 anos. "Admito – não importa se eu tinha interesse nelas ou não – que a coisa mais excitante para o homem é a mulher que paquera, que conversa, que o aborda. Isso não apenas nos livra da pressão como nos deixa impressionados, afinal ela está fazendo algo que não temos coragem de fazer."

Dúvida feminina

Quando ele se olha no espelho enquanto estamos transando, parece estar mais interessado em si mesmo do que em mim. Explique.

Que fique claro: ele não está olhando para o próprio corpo, e sim para o que você está fazendo com ele.

O que torna uma mulher atraente aos olhos dos homens?

Quando saio, reconheço na hora um homem que pode me interessar. Reparo no visual dele, em como está vestido e na maneira como se comporta. Gostaria de saber se os caras pensam nessas mesmas coisas. O que um homem observa quando decide abordar uma mulher? Além do aspecto físico, é claro. Imagine que ele esteja num lugar cheio de gatas. Como ele escolhe com quem conversar?

É impossível saber. Inicialmente, um homem é como um computador da NASA – absorve todas as informações sobre o visual e o comportamento da mulher e, antes que ela peça outra bebida, já processou tudo a seu respeito. Depois, se transforma numa equipe de vigilância. Observa, pensa e pondera. Pergunta a opinião dos amigos. Em geral, volta para casa sozinho porque perde tanto tempo se preparando para o grande momento que acaba deixando a chance escapar. Sem dúvida, a mulher estará no radar dele, porém pode demorar até que ele tome uma iniciativa.

Mistério masculino

33%

dos homens dizem que é mais divertido ser solteiro do que casado.

Por que os homens usam cantadas tão bregas?

Um homem se aproximou de mim num bar, me olhou de cima a baixo e perguntou se eu estava machucada, pois eu só podia ter caído do céu. Fala sério! Não há absolutamente nada que possa me impressionar num cara que usa uma cantada tão brega assim. Por que cargas-d'água ele acha que uma abordagem desse tipo vai despertar a admiração de uma mulher?

Gostaria de ter uma resposta para sua pergunta, porque dar uma cantada é como usar uma colher de plástico numa briga de facas. No entanto, talvez exista uma explicação. Quando um homem se aproxima de uma mulher pela primeira vez, ela leva sete segundos para avaliar se vai lhe dar atenção ou virar-lhe as costas. Muitos caras acham que não possuem o arsenal verbal para realizar a conquista com 25 palavras ou menos, então recorrem a qualquer coisa que passa por sua cabeça. "Minhas amigas dizem que cantadas são o fim do mundo. Mas consigo puxar conversa com muitas mulheres usando esse artifício. Talvez seja porque as cantadas são tão ruins que elas acham graça da situação", diz Jerry, 23 anos. Sabemos como agir para atrair sua atenção – fazer perguntas, começar uma conversa com naturalidade. Mas, se vocês querem que façamos isso, é preciso que nos dêem o que não temos: tempo para falar um pouco mais.

Dominando o universo masculino: o que você já aprendeu sobre os homens

- Podemos demonstrar confiança quando nos aproximamos de vocês. Mas, na verdade, nosso estômago está se revirando mais do que uma máquina de lavar.
- Para nós, vocês são como o Shaquille O'Neal. Têm habilidade para bloquear tudo o que fizermos. Mas, antes de espalmarem nossa tentativa, nos dêem a chance de avançar um pouco mais. Agradecemos se nos deixarem ter uma visão da cesta.

- Demoramos mais do que as mulheres imaginam para tomar a iniciativa. O que significa que gostaremos se vocês derem o primeiro passo.

DIGA ISTO HOJE!

A coisa mais sexy que já disseram a Justin, 29 anos:

"Obrigada."

A coisa mais sexy que Amélia, 28 anos, disse a um homem:

"Estas roupas ficam bem em você, mas eu prefiro vê-lo nu."

| CAPÍTULO 19 |

Veja como fazer para que ele se concentre nas preliminares

ALGUNS TRUQUES SIMPLES PARA FAZÊ-LO IR COM MAIS CALMA – E "ACELERAR" VOCÊ.

Perguntamos aos homens:

O que você gostaria de mudar na sua vida sexual?

Fazer mais sexo	20%
Ter transas mais longas, com mais preliminares	15%
Fazer sexo oral com mais freqüência e/ou melhor	9%
Ver mais empolgação na parceira	6%
Outros	50%

VOCÊ CONHECE O CLICHÊ: as mulheres são como fogueiras, e os homens, como maçaricos. Elas preferem que o fogo queime devagar e por muito tempo, enquanto eles desejam que seja rápido e intenso. Os homens querem marcar o gol e deixar o gramado. Entrar e sair – pá, pum. Mas, se vocês desejam receber nossos agradecimentos, é preciso que saibam de uma coisa: a experiência masculina do sexo não se limita aos poucos minutos entre o tempo em que invadimos seu santuário e o momento em que libertamos as tropas. Também estamos interessados no que acontece com as orelhas, os lábios, a língua e qualquer outra parte do seu corpo que vocês queiram oferecer como aperitivo.

Se gostamos de rapidinhas? Sim, claro. Gostamos delas pelo mesmo motivo que apreciamos comida de microondas – as duas permitem satisfazer nossas necessidades num piscar de olhos. Mas, como mostram os depoimentos a seguir, há mais aspectos envolvidos nas rapidinhas do que simplesmente abrir e fechar o zíper.

Doug, 26 anos, assistente financeiro em Vermont, tem uma namorada há cerca de um ano. Ele diz que sua melhor transa acontece quando se sente como um participante de um campeonato de arrancadas, vendo em quanto tempo consegue passar de 0 a 100. "Não fazemos isso com freqüência, apenas quando estamos atrasados para um compromisso ou transando escondido. No início do namoro, fizemos sexo no banheiro durante uma festa. Foi muito bom – rápido e arriscado."

No caso de homens que querem transas rápidas em outros momentos, também pode haver mais do que parece à primeira vista: eles desejam algo para aliviar o estresse imediatamente.

"Em alguns momentos sinto que preciso fazer sexo por um motivo puramente físico, mas acho que minha mulher não entende isso", diz Reed, 34 anos, proprietário de um pequeno negócio. "Trabalho muito e me preocupo demais com uma série de questões. O sexo é uma das coisas que me fazem esquecer de tudo. Assim como minha esposa, quero aquela ligação que o sexo proporciona, acontece que às vezes estou tão envolvido com tudo à minha volta que não dá para termos uma transa longa, como gostamos tanto."

Reed não é o único homem que, além das rapidinhas, adora as lentas sessões de sexo que nos deixam extasiados. Para 31% dos entrevistados, as preliminares não são suficientemente longas. Além disso, observando como alguns deles descrevem suas melhores experiências sexuais, vemos que o tema comum é: muita preparação, antecipação dos acontecimentos, preliminares, jogos para aquecer e bastante sexo, que deverá ser ótimo pelo que aconteceu *antes* da transa. Soa familiar?

- **"Nosso melhor sexo rolou numa noite em que voltamos de um bar aonde havíamos ido com alguns amigos para ouvir música ao vivo,"** diz Gregory, 23 anos. **"Como nos divertimos a noite inteira, isso fez com que nossa transa ao chegarmos em casa também fosse ótima."**
- **"Minha melhor relação sexual: paramos várias vezes, prolongamos o ato e incluímos mais preliminares"**, diz Alan, 32 anos. **"No fim, foi superior a tudo o que eu já havia sentido."**
- **"Foi numa viagem de negócios, com uma colega de trabalho que eu vinha paquerando havia alguns meses"**, diz Peter, 37 anos. **"Embora nos déssemos bem, nunca tínhamos feito nada. Naquela viagem, não conseguimos tirar as mãos um do outro o dia todo. Depois do jantar, pegamos uma garrafa de vinho e fomos para o quarto dela assistir a um filme. Uma coisa levou à outra e, na manhã seguinte, lá estava ela, dormindo nua e enroscada ao meu corpo."**

O QUE DIZER, O QUE NÃO DIZER

Diga: Vamos fazer mais devagar, quero aproveitar cada segundo.

Nunca diga: Preciso de mais preliminares!

Por quê? Dar ordens na cama não é sexy, a menos que vocês dois gostem de sadomasoquismo.

Diga: Quando você estiver quase lá, me avise.

Nunca diga: Não goze ainda!

Por quê? Será tarde demais.

Diga: Ah, isso que você acabou de fazer foi muito bom. Pode repetir?

Nunca: (Silêncio.)

Por quê? Dizer exatamente o que está dando certo fará com que ele se sinta bem e lhe proporcionará o sexo que você quer.

Diga: Este pequeno e simples aparelho impedirá que você tenha artrite quando estiver com 80 anos.

Nunca diga: Posso usar meu vibrador? É muito melhor.

Por quê? Ele vai topar, contanto que não se sinta inferior.

Acho que mais homens gostam de preliminares do que você imagina:

- **"Preliminares são ótimas. Se vocês fizerem mais, também faremos"**, diz Lyle, 36 anos.
- **"Gostamos de receber sua atenção de vez em quando. Não o sexo oral simples, mas de maneiras diferentes, mais sensuais"**, diz Carlton, 34 anos.
- **"Adoramos preliminares – especialmente quando a mulher mostra que está gostando de verdade"**, diz Keith, 34 anos.

O que significa quando:

Ele faz o que for necessário para lhe dar um orgasmo antes mesmo de ter um.

Ainda que um homem goste de lhe dar prazer, ter paciência durante a relação sexual é uma luta biológica para ele. O corpo dele quer ir logo, mas o cérebro o convence de que a recompensa por esperar vale a pena.

Ele pergunta se você quer uma massagem.

É muito melhor do que perguntar se você quer tirar a blusa.

Ele beija seu pescoço.

Ele espera que vocês estejam nus em poucos minutos.

Às vezes, as mulheres se esquecem de que, para os homens, as preliminares podem ser tão cheias de sensações e gemidos quanto o momento do clímax em si. Talvez vocês achem que a única coisa importante para nós é a quantidade de atenção dada ao manche, porém, na realidade, desejamos que vocês brinquem com todos os botões – e queremos fazer a mesma coisa com vocês.

Por que não posso demonstrar afeto sem que ele pense que quero transar?

Sempre que beijo ou abraço meu namorado, ele pensa que é um sinal de que quero sexo. Acabo achando que não posso nem ao menos oferecer uma massagem sem que ele imagine que vamos transar em seguida. Por que ele espera fazer sexo toda vez que demonstro afeto de maneira física?

Acho que ele não *espera* fazer sexo, e sim que *quer* fazer sexo. As mulheres interpretam os contatos físicos como um sinal de afeto, mas, para nós, qualquer toque entre dois adultos num relacionamento funciona como o apito de um árbitro antes do início de uma corrida. É o sinal de que o evento está para começar, e nós estamos na posição de partida, prontos para largar. "Minha mulher já reclamou de que não pode me dar um abraço sem que eu faça ou diga alguma coisa relacionada a sexo", diz Fred, 40 anos, casado há seis. "Honestamente, e eu tenho consciência de que isso vai soar estranho, fico excitado quando nos tocamos – mesmo que seja algo inocente." Talvez os homens precisem ser mais sensíveis à idéia de que um tapinha no traseiro nem sempre significa luz verde para pegar o CD do Barry White, mas o fato é que nosso motor está sempre pronto e, se vocês derem a partida, nosso instinto é pisar no acelerador.

Dúvida feminina

Por que ele acha que fazer sexo ouvindo AC/DC no volume máximo é romântico?

A fantasia dele nem sempre é fazer sexo na praia, com uma balada dos Beatles beijando delicadamente seus ouvidos. Às vezes, a fantasia dele se compõe de acordes mais curtos. "Minissaias. Noites de bebedeira. Bater, bater. Você contra a parede. Suor escorrendo. Bocas abertas. Yeah, garota. Balance."

O que posso fazer para que ele saia da rotina sexual?

Toda vez que meu marido e eu transamos, começamos do mesmo jeito. Tiramos a roupa e nos beijamos por uns dois minutos. Depois ele acaricia meus seios, me toca no ponto mais sensível e acha que estou pronta para transar. Não é que seja ruim, mas eu gostaria que ele desse mais atenção a todo o meu corpo. Por que é tão difícil fazer as coisas de um modo um pouco diferente e mais devagar?

Um motivo é que ele está estimulando a si mesmo tanto quanto está estimulando você (notícia surpreendente: *ele* fica excitado quando toca nos seus seios). Outro motivo é que vocês criaram um padrão para o ato sexual: transam nos mesmos dias da semana, no mesmo horário e do mesmo jeito. Portanto, é de se esperar que ele faça sempre a mesma coisa nas preliminares. Sim, ele precisa assumir a responsabilidade de variar, mas você também pode pegar a batuta e reger a orquestra. "O melhor sexo com minha mulher acontece quando menos espero", diz Lawrence, 27 anos, casado há dois. "Certa vez, estávamos num shopping quando ela me beijou e sussurrou no meu ouvido: 'Estou com muita vontade.' Saímos dali no mesmo instante. As preli-

Mistério masculino

50% dos homens dizem ser melhores na cama do que suas mulheres ou namoradas.

24% dos entrevistados se recusaram a responder à pergunta.

minares começaram no carro. Terminamos a transa em casa, entrelaçados e suados."

Se um homem faz sexo com freqüência, por que ele continua a se masturbar?

Meu namorado mora comigo e acorda cerca de meia hora mais cedo do que eu para ir trabalhar. Uma manhã, me levantei para usar o banheiro e o vi se masturbando no boxe. Sei que os homens fazem isso, mas imaginei que, por transarmos três ou quatro vezes por semana (incluindo a noite anterior!), ele não teria essa necessidade. Fiquei me perguntando com que freqüência os homens se masturbam e por que não tenho conseguido satisfazê-lo. O que leva um cara a querer fazer isso, especialmente quando está num relacionamento em que faz sexo com freqüência?

Trevor, 32 anos, engenheiro elétrico da Califórnia, diz ter uma boa vida sexual: transa duas vezes por semana e não tem nada a reclamar. "Minha mulher é ótima, mas às vezes preciso fazer isso sozinho", diz ele. "Quando não consigo dormir, me masturbo em silêncio e isso me ajuda a pegar no sono. Acho que as mulheres pensam que a masturbação é algo altamente sexual e, se fazemos isso, é porque não estamos atraídos por elas. Para mim, tem mais a ver com relaxar e aliviar o estresse do que com prazer sexual." A verdade é que seu namorado está mais do que satisfeito com você (sobretudo se vocês fazem sexo três ou quatro vezes por semana). No entanto, existem momentos em que ele quer uma rapidinha e opta pela maneira mais fácil para chegar lá. Ter uma vida sexual saudável significa que ele está sempre pronto – quanto mais vocês transarem, mais ele estará preparado para isso e mais vezes sentirá necessidade de "relaxar" sozinho. Ainda que muitas coisas possam inspirá-lo a se masturbar (lembranças, músi-

Mistério masculino

71%

dos homens dizem que gostariam de conseguir manter relações sexuais mais longas.

cas, fantasias, revistas femininas), ele preferiria estar transando com você. Na nossa escala de prazer, fazer sozinho é melhor do que não fazer, porém *nunca* é melhor do que com vocês.

Dominando o universo masculino: o que você já aprendeu sobre os homens

- Conseguimos fazer em 30 segundos, mas normalmente preferimos fazer em 30 minutos.
- Todo mundo sabe que a expectativa antes de uma grande partida é melhor do que a partida em si. Em termos de sexo, a expectativa e a esperança de que algo bom está por vir é o segundo motivo pelo qual amamos as preliminares tanto quanto o jogo. (O primeiro motivo, obviamente, é o corpo feminino.)
- O sexo atende muitos propósitos, inclusive o de ficarmos mais próximos de vocês e liberarmos o estresse.

DIGA ISTO HOJE!

A coisa mais sexy que já disseram a Jake, 36 anos:

"Você é o melhor que já tive."

A coisa mais sexy que Daniela, 22 anos, disse a um homem:

"Quer ver minha tatuagem?"

O que os homens querem que as mulheres saibam sobre sexo

"Gostamos de sexo, mas isso não é a coisa mais importante da nossa existência."

– Terry, 30 anos

"Gostamos de transar tanto quanto possível. Adoramos as formas femininas. Para mim, uma obra de arte. Amo tocar e ser tocado."

–Vic, 37 anos

"O sexo é a recompensa do amor."

– Benjamin, 34 anos

"Nosso apetite sexual é muito parecido com o... nosso apetite. Um orgasmo para um homem é como servir-se três vezes num bufê. Depois disso, tudo o que a maioria de nós deseja é fechar os olhos e tirar um cochilo. Alguns caras são educados o suficiente para fingir que querem ir para outro lugar comer a sobremesa. É o equivalente masculino de fingir um orgasmo."

– Dave, 30 anos

"Os homens não ficam desesperados por sexo em todos os momentos do dia, pelo menos não mais do que as mulheres."

– Andrew, 24 anos

"Para os homens, transar é como trocar o óleo do carro. Ficamos enferrujados se não fizermos isso regularmente."

– Aidan, 23 anos

"Não faça sexo só por fazer. Se você quer ter um relacionamento de verdade com alguém, a transa tem que servir para aproximar as duas pessoas."

– Karl, 31 anos

"Secretamente, o homem quer que a parceira fique satisfeita. O prazer dele é apenas um bônus."

– Lars, 37 anos

"O sexo sem amor é divertido, mas o sexo com amor é melhor."

– Billy, 25 anos

"Mostre seu jogo de cintura."

– Bob, 30 anos

"Aproveite sua sexualidade e feminilidade e mostre-as. Surpreenda seu namorado com uma bela foto sua e coloque-a na carteira dele. Envie um e-mail dizendo o que você está vestindo ou o que não está vestindo. Diga o que a excita."

–Vincent, 28 anos

"O sexo pode ser emocional, físico ou espiritual, mas não necessariamente no mesmo lugar e ao mesmo tempo."

– Marc, 38 anos

"O que deixa os homens excitados são as preliminares."

– Les, 42 anos

"Variedade é bom, intensidade também, porém entusiasmo é melhor."

– Jesse, 23 anos

"Usem os dentes, vocês têm nossa permissão."

– Brad, 26 anos

"Tirem sua concha e suas normas quando tirarem a roupa."

– Chuck, 30 anos

| CAPÍTULO 20 |

O que de fato assusta um homem?

NÃO SER UM DEUS PARA SUA MULHER E SEUS FILHOS. VEJA COMO AJUDÁ-LO A SUPERAR O MEDO DE FALHAR E FAZÊ-LO SE DEDICAR A VOCÊ.

Perguntamos aos homens:

Qual foi o principal papel do seu pai durante a sua infância e qual é seu principal papel como pai hoje?

O papel do meu pai era o de provedor	49,7%
O papel do meu pai era o de disciplinador	24%
O papel do meu pai era o de professor	15%
O papel do meu pai era o de amigo	11%
Outros	0,3%
Meu papel é o de provedor	20%
Meu papel é o de disciplinador	7%
Meu papel é o de professor	42%
Meu papel é o de amigo	31%

É VERDADE QUE NUNCA SABEREMOS qual é a sensação de engravidar e de colocar um ser humano no mundo. Também estamos cientes de que, em parte por causa disso, as mães são as soberanas da família. Não há o que discutir: o trabalho delas supera todos os outros.

Talvez seja por isso que alguns homens achem tão difícil exercer a função de pai – somos constantemente considerados os reservas da dupla. É claro que podemos ajudar com os treinos de futebol, montar brinquedos e carregar três crianças e a bolsa de praia. Mas, quando se trata das questões importantes – as conversas sérias e as coisas mais difíceis de definir –, as mães assumem o palco, enquanto nós ficamos no fosso, conduzindo a orquestra. O problema é que nem sempre gostamos da vista que temos.

Alexander, 39 anos, dentista de Washington, se divorciou quando o filho tinha oito anos. Agora se vê lutando para ser respeitado no relacionamento. "Não faço idéia do que minha ex-mulher fala sobre mim para o meu filho, mas sei que ela não diz que sou um bom pai e que posso ensinar qualquer coisa a ele. Por causa disso, toda vez que estamos juntos, tento reafirmar minha posição de pai em vez de apenas deixar que ele me conheça naturalmente pela pessoa que sou, e isso é muito frustrante."

Não importa se os pais são divorciados ou não. A questão é que eles estão sempre lutando contra a síndrome do "pai pateta", que vemos em filmes, comerciais e séries de televisão. Os homens aceitam ser alvo de piadas que retratam a figura do pai inepto, mas a verdade é que não exercer a paternidade com perfeição os incomoda mais do que deixam transparecer.

O QUE DIZER, O QUE NÃO DIZER

Diga: Vamos decidir juntos quais são as regras.

Nunca diga: Preciso que você reforce as normas que eu estabeleço.

Por quê? Se você dividir com ele o poder da maternidade, ele também dividirá as responsabilidades.

Diga: Precisamos pensar numa maneira de aumentar nossa renda.

Nunca diga: Já está na hora de você pedir um aumento.

Por quê? Os dias em que apenas os homens eram os responsáveis pelo sustento da família acabaram.

Diga: Seu pai tem muito a ensinar a você.

Nunca diga: Seu pai acha que sabe tudo.

Por quê? Se você quer que seus filhos mostrem respeito, é preciso dar o exemplo.

Diga: Como se marca um pênalti?

Nunca diga: Os esportes são uma perda de tempo.

Por quê? Nunca é tarde demais para virar uma fã.

"Meu filho de quatro anos adora que eu desenhe figuras que possamos colorir depois, como um jogador de futebol ou um animal, algo fácil", diz Christian, 32 anos, que mora no Mississipi. "Uma vez ele me pediu que desenhasse um guaxinim. Tentei, mas ficou parecendo mais uma bolha. Realmente, estava horrível. Ele disse que eu não sabia desenhar e que o tio dele faria uma figura muito melhor. Sei que isso não é tão importante, no entanto foi a primeira vez que ele disse que eu tinha feito algo errado. Tenho que admitir: quando ele me comparou com meu irmão, foi como levar um soco na boca do estômago."

Mistério masculino

54%

dos homens dizem que a família é o fator que os define melhor.

Isso acontece toda vez que uma criança nos questiona, nos desafia, diz algo como "Você é burro" ou nos faz sentir como totais incompetentes na tentativa de cumprir nosso papel de pai.

Como fazer com que meu marido pare de mimar nossos filhos?

A briga mais séria que tenho com meu marido é em relação à maneira de disciplinar nossos filhos. Sou sempre eu que tenho que ser dura e ficar em cima deles quanto ao comportamento, à higiene, aos estudos, etc. Mas, assim que dou as costas, meu marido solta as rédeas, permitindo que eles façam coisas com as quais eu jamais concordaria (como comer a sobremesa 20 minutos antes do jantar). Já deixei claro diversas vezes quanto isso me incomoda. Disse que ele precisa exigir mais disciplina das crianças, que deve ser mais pai e menos amigo. No entanto, parece que ele não assimila nada disso. Fico muito frustrada porque nossos filhos recebem mensagens confusas da nossa parte. Por que será que ele age assim?

Creio que, quando se trata de estabelecer disciplina, seu marido se sente em segundo lugar. Na liderança está você. Sempre que a mulher assume o comando em relação a isso, o homem acha que não tem nenhuma influência, que não está participando das decisões, mas apenas assistindo aos acontecimentos. Às vezes, ele pode desencadear intencionalmente um confronto por acreditar que não há outro jeito de conquistar a dianteira. "Minha mulher e eu às vezes brigamos sobre como punir as crianças – ela tende a ser muito severa, preferindo estabelecer castigos longos, como proibir os videogames por uma semana. De minha parte, sugiro punições mais curtas, como deixá-los trancados no quarto por uma hora", diz Matthew, 32 anos. "Porém, descobri que, quando estou sozinho com as crianças, fico muito mais rigoroso com elas. É como se o problema não fosse a disciplina em si, mas como negociá-la com a minha esposa."

O que significa quando:

Ele é o treinador do time do filho.

Não lhe diga que ele está tentando reviver os dias de glória por meio do filho. Ele está apenas querendo criar alguns dias de glória com o filho.

Ele passa por todos os canais da TV 12 vezes seguidas.

Os homens são exploradores – em viagens, em conversas de bar com mulheres e com corpos na cama. Com a televisão, é a mesma coisa. Ele está procurando por algo que talvez lhe dê mais satisfação do que ficar parado numa emissora.

Ele tem pés pequenos.
É melhor que ele saiba dançar.

Os homens tentam comprar o amor dos próprios filhos?

Meu ex-marido e eu nos separamos há cerca de três anos, quando nossa filha tinha dois anos e nosso filho, três. Tenho notado que ele vem gastando um pouco mais de dinheiro com as crianças agora do que costumava fazer. Está começando a mimá-las. Sinto que há algo sórdido nisso: ele está tentando comprar o amor delas. Apesar da minha irritação, não quero deflagrar uma guerra que fará com que meus filhos tenham que escolher um lado. Não acho que ele esteja fazendo isso por maldade, é só uma maneira de garantir o amor das crianças. Como devo reagir a esse comportamento?

Não vou dizer que isso é certo nem que apóio a atitude dele. Em todo caso, pense numa situação parecida: você se incomodaria em receber esse mesmo tipo de gentileza de um homem? Presentes inesperados para reafirmar que ele a ama? Seu ex-marido pode estar tentando comprar o afeto dos seus filhos – aquele afeto que você recebe naturalmente. Porém, isso nunca funcionará a longo prazo. Lembre-se de que você possui a coisa que ele deseja mais do que tudo: mais tempo com as crianças.

Dúvida feminina

É tão difícil assim para ele mirar no vaso quando faz xixi?
Uma aula de fisiologia masculina: o jato de xixi não viaja na mesma velocidade durante toda a micção. Ele começa devagar, se acelera até atingir o pico e depois vai diminuindo o ritmo à medida que a bexiga se esvazia, chegando ao ponto de pingar no final. As gotas atingem o chão por um típico erro de cálcu-

lo quanto à velocidade nos segundos iniciais ou finais. Portanto, isso não tem nada a ver com a precisão da mira. Os homens não têm um chip de computador no pênis com uma mira por radar. Quer saber qual é a única solução 100% segura? Instalar um mictório.

Todos os homens pressionam os próprios filhos?

Meu marido é um desses malucos por esportes. Não posso dizer que ele esteja obrigando nosso filho, que tem oito anos, a virar um atleta. Ele garante que o menino tem liberdade para fazer o que quiser. De qualquer modo, está sempre perguntando ao garoto se ele quer bater uma bolinha ou treinar uns saques. Fico feliz que meu marido participe, mas não acho que ele deva tomar todas as decisões a respeito do que o nosso filho faz só porque é o homem da casa. Como devo lhe dizer que ele está indiretamente pressionando o menino a ser um esportista?

Existem três tipos de pais esportivos: os que forçam os filhos a alcançar a excelência, os que agem de modo parecido com Jacques Cousteau – preferindo que as crianças explorem os mistérios da natureza e da ciência em vez de se dedicarem a treinos – e aqueles que ficam entre esses dois grupos. Esse terceiro tipo de pai deseja ensinar, quer ver o filho se sair bem, almeja ser conhecido como o homem que mostrou ao garoto como dar um passe ou um saque fenomenal e receber agradecimentos por isso num artigo de uma importante revista daqui a 15 anos. "Ainda me lembro da primeira vez que meu filho fez uma cesta num jogo", diz Darren, 40 anos. "Ele tinha seis anos, arremessou e foi um xuá perfeito. Ele vibrou todo orgulhoso e olhou para mim para ver minha reação. Não sei se ele será um bom jogador quando for mais velho, mas posso dizer que jamais me esquecerei do olhar que ele me dirigiu."

Dominando o universo masculino: o que você já aprendeu sobre os homens

- Às vezes, os homens contrariam as regras que vocês estabelecem para as crianças (mesmo quando sabem que isso é errado) porque querem ter uma participação maior na criação dos filhos.
- Quando um homem ensina algo sobre esporte para os filhos, isso está apenas parcialmente relacionado aos esportes.
- A mãe tem um papel importante no que os filhos pensam a respeito do pai. Os homens não querem dar uma de candidatos políticos, mas gostariam que vocês os ajudassem, apoiassem e reforçassem suas determinações.

DIGA ISTO HOJE!

A coisa mais sexy que já disseram a D. W., 32 anos:

"Eu... Eu... Ah... Nossa!"

A coisa mais sexy que Tonya, 24 anos, disse a um homem:

"Vamos jogar 'O mestre mandou' erótico. Você é o mestre."

| CAPÍTULO 21 |

Como sabemos se o relacionamento terminou?

POR QUE OS HOMENS ENTRAM EM PÂNICO E COMEÇAM A PULAR FORA – E COMO SABER SE VOCÊ DEVE AGÜENTAR FIRME OU JOGAR LOGO A TOALHA.

Perguntamos aos homens:

Qual é o principal motivo de reclamação da sua mulher ou namorada?

(Os participantes podiam escolher mais de uma opção.)

A atenção que dou às necessidades dela	28%
Minha habilidade como ouvinte	21%
As preliminares/o sexo	20%
Tarefas domésticas que são minha responsabilidade	18%
O tempo que passo trabalhando	17%
Meu jeito de dirigir	14%
A paquera de outras mulheres	12%
Minha habilidade em lidar com nossas contas	10%
Minhas habilidades como pai	8%
Minha habilidade de consertar coisas em casa	6%

NÃO ESTOU PRONTO PARA UM RELACIONAMENTO a longo prazo. *As mulheres já me magoaram muito. Estou profundamente comprometido com minha carreira. Só preciso acertar as coisas na minha cabeça. Não é você, sou eu.*

Já ouviu isso antes? Então vamos botar as coisas em pratos limpos.

Na verdade, vocês são o problema.

Mais vezes do que possam imaginar.

Dos homens que dizem "Não é você, sou eu", um terço está mentindo.

Cretinos! Por que usamos essa desculpa como estratégia de fuga? Pelos mesmos motivos que vocês já disseram isso a um homem. Lá no fundo, sabemos que o relacionamento não vai dar certo a longo prazo, e essa é a maneira mais fácil e indolor de terminar tudo. Essa desculpa é como um carro de fuga dos relacionamentos – sempre pronto, caso precisemos sair rápido de uma situação complicada. Sem muitas discussões, sem dar margem para que a mulher disseque os problemas e jure que vai mudar, sem fazer com que ela se sinta derrotada, estapeada e esmagada. E este é o principal motivo que faz com que essa frase funcione tão bem para pôr um ponto final numa relação: ela decepa a cabeça de uma vez só, sem deixar a pessoa se contorcendo e se debatendo no chão.

"Uma das minhas namoradas terminou comigo e partiu para o ataque. Disse que eu era egoísta, que não me importava com ela, e deu a entender que, como namorado, eu era a escória. Não acho que ela tenha falado para valer, mas ouvir isso machuca do mesmo jeito", diz Daniel, 34 anos, fotógrafo de Montana. "A não ser que algo realmente doloroso aconteça, como sofrer uma traição, por que eu criticaria uma mulher ao romper com ela? Não sei se isso faz sentido, mas, mesmo depois de terminar o relacionamento, quero que aquela pessoa goste de mim, ainda que ela me odeie."

O QUE DIZER, O QUE NÃO DIZER

Diga: Vou lhe dizer do que preciso para ser feliz...

Nunca diga: Estou profundamente infeliz.

Por quê? A não ser que um homem consiga identificar uma solução, ele presumirá que a relação acabou.

Diga: Se você não quer dar o próximo passo comigo, preciso saber.

Nunca diga: Ou nós damos o próximo passo ou terminamos.

Por quê? Pedir uma decisão funciona melhor do que dar um ultimato.

As mulheres são muito mais propensas a manifestar suas queixas abertamente. Os homens? Não importa a gravidade do problema que vejamos numa mulher, preferimos não falar sobre isso.

Portanto, a implicação da frase "Não é você, sou eu" é clara: ele está mentindo. A verdade é que, se ele quisesse um futuro ao seu lado ou se você tocasse a alma dele mais do que as músicas de John Coltrane, os problemas com as ex-namoradas, com o trabalho ou com qualquer outra coisa não teriam importância. Ele deixaria tudo de lado e faria o que fosse preciso para que o relacionamento desse certo.

Para Tommy, 30 anos, gerente de vendas do Wisconsin, o fim de um relacionamento de três anos ocorreu de modo complicado – muitas discussões e brigas para saber o que era de quem. Foi a namorada que rompeu com ele. Depois disso, Tommy passou um tempo imaginando que iria pegar leve com as mulheres, só teria encontros eventuais e não se deixaria envolver. "Três semanas após o fim daquela relação, conheci uma mulher por meio de um amigo e nos entendemos. Eu não estava preparado para nada sério, mas fiquei impressionado com essa pessoa. Acabei me casando com ela." Era o momento perfeito para usar a desculpa do "Não é você", mas, como na maioria das vezes, *era* ela. E, nesse caso, ele não podia ficar *sem* ela.

Mistério masculino

24%

dos homens dizem que aceitariam receber da mulher um pagamento à vista para terminar o casamento.

Para os homens, o fim de qualquer relacionamento é algo difícil – não importa quem está terminando com quem. Nesse caso, uma frase gentil que mantenha o respeito entre as partes é como uma luva de boxe num punho fechado. Se a pessoa não estiver preparada para o soco, ela ainda vai se machucar, porém, certamente, a luva ajudará a diminuir a força do golpe.

Por que parece que os homens terminam um relacionamento quando nós menos esperamos?

Estava saindo com um cara havia dois anos, mas tínhamos problemas. Como trabalhávamos em cidades diferentes, não nos víamos com freqüência. Quando eu disse que as coisas não estavam indo tão bem quanto antes, ele mandou algo parecido com "Não vejo futuro para nós". Explicou que, embora gostasse de mim, não estava pronto para ir em frente. É claro que ele não começou a pensar assim de um dia para o outro. Por que não nos poupou tempo e dor me dizendo isso um ano antes?

Gostaria de dizer que talvez tenha sido porque ele estivesse cansado de dar início a tudo o que se refere a relacionamentos (o primeiro encontro, o sexo). No entanto, a verdadeira razão é que, mesmo quando os homens são cretinos, eles não querem ser considerados cretinos. É por isso que têm muita dificuldade em articular qualquer frase que possa ser interpretada como o fim da relação. Seu namorado não quis ser visto como um canalha grosseiro e idiota nem como um verme insensível que destruiu o namoro, então achou mais fácil rebater a bola do que sacar. "Sabe como é sair de um emprego? A pessoa sempre prefere se afastar sabendo que o chefe gostaria que ela tivesse ficado", diz George, 34 anos. "Queremos sentir que ainda somos desejados. É a mesma coisa com as mulheres. Mas não se trata da história de deixar as portas abertas para podermos voltar um dia. Nosso único objetivo é que elas se lembrem de nós – e falem a nosso respeito com as amigas – de maneira positiva." Mesmo que o homem não esteja mais interessado no relacionamento, ele pretende deixar uma boa imagem.

O que significa quando:

Ele diz que não está pronto para um compromisso.
Não é com você que ele quer se casar. Se fosse, estaria pronto para se comprometer, mesmo que não estivesse pronto de verdade.

O melhor amigo dele é uma mulher.
Nível de ameaça elevado. Não necessariamente porque ele queira ir para a cama com ela, mas porque há chance de que compartilhe coisas com ela – coisas sobre você.

Se ele não está interessado num relacionamento, por que está se encontrando comigo?

Estou saindo com um homem há algumas semanas. Um cara legal, nos divertimos, parece que temos muitas coisas em comum e dormimos juntos algumas vezes. No nosso último encontro, o sexto, ele jogou a bomba. Disse que tinha acabado de sair de uma relação difícil, que não sabe se está pronto para assumir algo sério, que sou ótima, mas que a cabeça dele ainda está confusa. Eu não ia discutir, porém não engulo conversa fiada. Por que ele está usando a desculpa da cabeça para não continuar o relacionamento?

Certo, vamos imaginar que ele está num restaurante novo – um lugar da moda, badalado, aonde todo mundo quer ir. Na primeira visita, ele experimenta alguma coisa e gosta. Volta no dia seguinte, mas já não acha tão bom. Então decide pedir outro item do cardápio e depois outro até que percebe que esse lugar talvez não seja exatamente aquilo que procura. Ele usou a cabeça como desculpa em vez de lhe dizer que não a considera compatível como parceira, porque a acha legal, inteligente e bonita. Mas há um problema: você não serve os pratos que agradam ao paladar dele. Isso não quer dizer que outras pessoas não possam gostar do restaurante nem que não valha a pena mantê-lo em funcionamento. Só significa que você não deve se preocupar em tê-lo como cliente.

Dúvida feminina

Ele me fala de gases, de pêlos encravados nas axilas e de problemas nas unhas do pé com detalhes vívidos. Mas, se digo que estou com candidíase, ele grita "O quê!!!". E não toca em mim por um mês. Por que ele não consegue conversar sobre todos os aspectos do meu corpo?

Você tem gases, axilas e unhas do pé, então ele presume – apesar da sua recusa em admitir – que você sabe o que são esses problemas. Porém, a única levedura que ele conhece é aquela usada na cerveja.

Por que será que os homens fogem dos relacionamentos quando as coisas começam a engrenar?

Estava saindo com um homem havia um mês e o relacionamento começou a ficar sério. Como estávamos nos encontrando várias vezes durante a semana, seria normal que àquela altura conversássemos sobre a natureza da relação. Achei que tudo estivesse indo bem, mas, de repente, ele me disse que não estava pronto para algo sério. Por que esse medo?

Porque temos medo de ficar amarrados – mesmo que vocês não estejam mostrando seus truques com cordas. "Uma mulher que está ansiosa demais para me 'prender' no papel de namorado não percebe que isso é um tiro pela culatra. Com isso, o que ela está dizendo, basicamente, é que manda no relacionamento", afirma Lawrence, 27 anos. Esse mesmo princípio se aplica a outros estágios da relação depois que já estamos comprometidos com vocês. A diferença é que, agora, a pressão não está mais no comprometimento, e sim no nosso desempenho. Não na cama, mas na vida. A pressão de ser um bom pai, um bom marido e um bom genro. E também a de ser aquele que joga o lixo fora, cuida da manutenção do carro, administra o dinheiro, negocia com prestadores de serviços, conserta o computador, programa o DVD e tudo o mais. Não é que nos importemos em fazer todas essas coisas, só nos incomodamos por ter que executá-las sob seu comando, temendo errar. "Não importa o que eu faça – pode ser trocar o óleo do carro ou pagar contas na internet –, minha esposa sempre diz que conhece um método melhor. Compreendo que ela está tentando ajudar ao oferecer sugestões, porém é muito desagradável ver que todas as minhas ações são questionadas", diz Brandon, 45 anos.

Mistério masculino

21%

dos homens dizem que estão sempre procurando por algo melhor enquanto estão num relacionamento.

Dominando o universo masculino: o que você já aprendeu sobre os homens

- Se terminamos um relacionamento, é porque não gostamos mais da mulher tanto quanto antes, mas não sentimos necessidade de agir de forma grosseira.
- Nem só os homens bacanas gostam de ser lembrados como caras legais.
- Quando encontramos a mulher certa, por mais confusa que esteja nossa cabeça, descobrimos um jeito de botar tudo no lugar. Rapidamente.

DIGA ISTO HOJE!

A coisa mais sexy que já disseram a Brett, 33 anos:

"Você precisa ensinar isso a outros homens."

A coisa mais sexy que Ashley, 26 anos, disse a um homem:

"Quero ver quanto você deseja isto."

| CAPÍTULO 22 |

Por que os homens não falam sobre como foi seu dia?

SABE POR QUE OS HOMENS RESMUNGAM TANTO QUANDO CHEGAM EM CASA? É SIMPLES: LEVAMOS MAIS TEMPO PARA PERCEBER COMO ESTAMOS NOS SENTINDO. UM CURSO RÁPIDO PARA AJUDAR SEU COMPANHEIRO A SE CONECTAR COM SEU EU INTERIOR.

Perguntamos aos homens:

Como você descreveria seu dia de trabalho?

Estresse sem fim, o dia todo, sete dias por semana. Até quando vou dormir estou pensando no trabalho	9%
Difícil, mas fico bem depois de relaxar um pouco em casa	20%
Tenso, mas me acalmo quando chego em casa	53%
Tranqüilo, e costumo chegar em casa pronto para me divertir	18%

VOCÊ QUER SABER O QUE SE PASSA na cabeça de um homem todas as noites, por volta das 7h30? "Oi, amor, cheguei. Sim, tudo bem no trabalho. Mas agora o que eu quero mesmo é tirar a roupa, colocar uma bermuda e ir para o banheiro com o jornal (porque não tive tempo de fazer nem uma coisa nem outra hoje). Depois disso, é claro, adoraria comer o rosbife que você acabou de preparar. Mas na frente da TV – é que o noticiário vai começar já, já. Depois nos falamos para botar as novidades em dia."

Sabemos que vocês querem conversar sobre o que aconteceu nas últimas 12 horas e, sim, sentimos muito a sua falta enquanto estivemos fora. No entanto, o trabalho, como vocês sabem por experiência própria, é uma enxurrada de e-mails, papéis, reclamações, ordens, queixas, pressão, prazos e outras coisas ainda mais desagradáveis. A questão é que lidamos com isso de uma maneira diferente de vocês. O que acontece no escritório fica no escritório por um motivo. Veja o que diz Trey, 34 anos, consultor de informática de Michigan: "Às vezes, não queremos falar sobre os problemas. Não conversar sobre eles é um modo de liberar o estresse. De vez em quando, só precisamos de alguma coisa que distraia nossa mente das chateações." Por exemplo, é isto o que os homens dizem querer fazer assim que chegam do trabalho:

- *Ligar a TV* *14%*
- *Ler os e-mails* *14%*
- *Comer* *12%*
- *Ir ao banheiro* *10%*
- *Brincar com as crianças* *9%*
- *Ir à academia* *5%*
- *Outros* *36%*

O QUE DIZER, O QUE NÃO DIZER

Diga: Estou tão feliz por finalmente estar em casa!

Nunca diga: O trabalho foi uma droga. Fiquei mal-humorada o dia inteiro.

Por quê? Da mesma forma que você, ele quer ter certeza de que você está feliz em vê-lo.

Diga: Vamos comer e assistir a alguma coisa legal na TV.

Nunca diga: Você parece estressado, o que aconteceu?

Por quê? Após um dia ruim, comer e relaxar é tudo o que ele quer, e não conversar.

Diga: Seu gerente é um idiota.

Nunca diga: Seu gerente tem razão.

Por quê? Ele precisa que você o apóie.

Apenas um em cada dez homens quer conversar – o que significa que 90% preferem fazer qualquer coisa que não seja isso. "Minha mulher trabalhava fora, mas quando tivemos filhos ela decidiu ficar em casa", diz Jake, 36 anos, analista financeiro. "Quando chego, ela me pergunta o que aconteceu no escritório. Se respondo 'Nada' ou não dou muitos detalhes, ela se sente frustrada. Explico que a última coisa sobre a qual quero falar naquele momento é o trabalho. Mas ela diz que fica o dia inteiro com as crianças e que quer saber o que está acontecendo no mundo lá fora. Para ser sincero, depois de 'ralar' o dia inteiro, na maioria das vezes não agüento conversar sobre isso. Quero brincar com as crianças, ver um pouco de TV e jantar."

O motivo? Precisamos de um tempo para relaxar, aliviar a tensão, sem pensar em números, dados, essas coisas. Aaron, 29 anos, gerente de projetos de uma estamparia da Virgínia, diz: "Num dos meus empregos, eu tinha que viajar por uma hora na ida e na volta. Quando chegava em casa, minha namorada estava pronta para sair, jantar e conversar. Mas eu sentia necessidade de ficar sem fazer nada por 20 minutos. Ela dizia que eu podia relaxar no trajeto de volta. E eu respondia que isso não era possível porque durante a viagem eu continuava pensando no que havia acontecido durante o dia e no que teria que ser feito no dia seguinte. Só queria um tempo para descansar."

Vocês devem nos dar esse tempo. Se conseguirmos parar de pensar no trabalho, ficaremos felizes em conversar sobre como foi nosso dia. Quando se trata de voltar do trabalho, gostaríamos de chegar em casa na hora do intervalo, e não na prorrogação.

O que significa quando:

Ele fica enrolando quando o assunto é casamento.
Como a bola de cristal diria: "Não parece nada promissor." Se ele está enrolando, é porque provavelmente adora várias coisas em você e não quer que o relacionamento acabe. Mas imagina que dirá o "sim" para outra pessoa.

Ele compra um eletrodoméstico no seu aniversário.
Quando ele lhe presenteia com algo extremamente prático, pode não perceber como isso não é nada romântico – porque ele valoriza presentes que tenham utilidade. Por exemplo, se você sempre diz que sente calor, ele pode achar que comprar um ar-condicionado equivale a passar dois fins de semana num chalé na serra.

Um ano depois de terminar o relacionamento, ele continua amigo da ex-namorada.
Encare isso como um sinal positivo de que ele é uma boa pessoa, e não como uma indicação negativa de que ela é uma ameaça. Se o fim do namoro não causou danos permanentes, há uma chance de que ele seja maduro o suficiente para deixar que os relacionamentos evoluam. Além disso, provavelmente, ele a tratou bem enquanto estavam juntos. E, por último, não a traiu com ninguém. Todos esses são ótimos sinais.

O que fazer para que ele converse mais comigo?

Se meu marido responder "Tudo bem" mais uma vez quando eu perguntar sobre o dia dele, acho que vou surtar. Por que ele não pode me contar uma história ou duas sobre o que aconteceu no trabalho? Ele só pensa em chegar em casa e comer, sem me falar nada sobre o que houve no escritório. O que devo fazer para que ele converse comigo sobre isso?

"Sabe qual é minha hora preferida para falar do trabalho? Durante a novela. As crianças estão brincando no quarto, nós estamos no sofá e eu aproveito os minutinhos dos intervalos para resumir os casos", diz Karl, 35 anos. Acredito que você consiga fazer com que mesmo o homem mais fechado do mundo fale como um papagaio. Primeiro, nunca faça ao seu marido a pergunta que acaba com o bom humor de qualquer cara: "Como foi seu dia?" Um entrevistador competente formula questões específicas que exigem respostas específicas. Portanto, se você começar com essa indagação ou com algo como "Aconteceu alguma coisa interessante hoje?", a última coisa que ele vai fazer é encenar um monólogo de 10 minutos sobre a saga de um servidor desconectado. Em vez disso, espere até que ele esteja à vontade, bebendo alguma coisa e relaxado. Nesse momento, mencione um fato que ele tenha citado na semana anterior. Ou comente algo sobre o gerente ou um colega de trabalho dele e até sobre um novo projeto que ele esteja desenvolvendo. Perguntas dirigidas o farão abrir a boca. Perguntas gerais serão respondidas com grunhidos.

Dúvida feminina

Ele coleciona videogames e CDs. Mesmo assim, diz que não entende por que eu compro tantos sapatos e bolsas. Por que ele não consegue ver a semelhança?

Porque videogames e CDs custam menos e não saem de moda de um dia para o outro. Além disso, usamos essas coisas muito mais do que uma ou duas vezes.

Por que ele não tem tempo de falar comigo quando está no trabalho?

O marido de uma das minhas amigas liga do escritório duas ou três vezes por dia para saber se ela está bem, se precisa de alguma coisa ou para contar o que está acontecendo. Meu marido? Uma vez ou outra ele me manda um e-mail ou um torpedo pedindo que eu compre algo ou passe em algum lugar. Quando telefono, o que procuro fazer uma vez por dia, ele está sempre ocupado e me apressa para desligar. Não espero que ele pare o que estiver fazendo para falar comigo durante horas, mas gostaria que entrasse em contato comigo de vez em quando. Será uma perda de tempo ter a expectativa de que ele vai pensar em mim durante o expediente e me falar sobre as coisas?

No trabalho, muitas vezes um homem se sente num momento de altíssima produtividade – se vê atuando como se fosse um malabarista com seis mãos. Está pensando de modo obsessivo no que tem que fazer, há 16 janelas abertas no seu laptop, e ele tem uma reunião em 12 minutos. Se você ligar exatamente nessa hora – em meio a esse instante inspirado –, vai atrapalhar o ritmo dele, e todo o resto sairá dos trilhos. Quando ele estiver numa situação como essa, me desculpe por dizer, mas telefonar para você será sua última prioridade. "Minha namorada se queixa de que não ligo para dizer 'Oi' durante o dia. Embora eu não seja contra isso, não tenho muito tempo livre. Sempre que ela me telefona, parece que é no pior momento possível", diz Vincent, 32 anos. Como fazer com que seu marido entre em contato com você? Pare de ficar ligando para ele. O que o torna menos participativo nessa questão é saber – conscientemente ou não – que você irá atrás dele primeiro. É a mesma filosofia que rege o namoro: se a mulher quer que o homem a procure, ela deve criar espaço para isso.

Mistério masculino

16%

dos homens dizem que a profissão ideal para suas mulheres é a de dona-de-casa.

O que fazer para que ele fique mais relaxado e se abra?

Sei que meu namorado fica muito estressado no escritório. Ele é advogado e trabalha cerca de 13 horas por dia. Seu cansaço é evidente e eu gostaria de poder ajudar, mas vejo que ele guarda tudo para si mesmo.

Tenho medo de que ele fique doente se não desabafar de vez em quando. Alguma sugestão?

Fora uma bebida e massagens? Certo, que tal então uma bebida e massagens? Está bem, vamos lá. "Acabei de passar pelo pior momento da minha vida profissional – tinha que entregar tantos projetos que estava a ponto de enlouquecer. Virei três noites num período de 10 dias e sei que chegava em casa um trapo", diz David, 33 anos. "Minha mulher encarou essa fase com muita habilidade – compreendeu que eu estava segurando uma barra-pesada. Ela fez várias coisas sem mencionar meu trabalho porque sabia que falar sobre a quantidade de coisas que eu tinha para fazer só pioraria a situação. Ela ia para o trabalho, depois administrava os assuntos relativos às crianças e às vezes ainda estava a fim de uma sessão de relaxamento. Quando faltavam uns dois dias para terminar tudo aquilo, disse a ela que o período mais difícil havia passado e comecei a relaxar mais." Sempre que os homens estão ultra-estressados no trabalho, eles não querem falar sobre isso – querem trabalhar. Ou pensar nas tarefas a executar – e em como fazer para que a tensão diminua um pouco. Assim que tiverem despachado a maior parte da carga, estarão prontos para começar a falar.

Mistério masculino

17%

dos homens dizem que a principal reclamação das suas mulheres e namoradas é sobre quanto eles trabalham.

Dominando o universo masculino: o que você já aprendeu sobre os homens

- Provavelmente, a mulher que pergunta ao marido o que aconteceu em seu trabalho assim que ele chega em casa ouve a seguinte resposta: "Nada." Se, em vez disso, ela faz a mesma pergunta uma ou duas horas mais tarde, fica sabendo de diversos acontecimentos do dia dele.

- Durante o tempo em que estamos no trabalho, todos querem tirar algo de nós. Quando chegamos em casa, ansiamos por pelo menos 20 minutos de sossego.
- Em casa, achamos melhor falar das traições, mentiras e falsidades que vemos na novela do que das que acontecem no nosso escritório.

DIGA ISTO HOJE!

A coisa mais sexy que já disseram a Will, 30 anos:

"Acho que não vamos acordar meus pais, mas podemos tentar."

(Numa visita aos pais dela num feriado.)

A coisa mais sexy que Rena, 29 anos, disse a um homem:

"Vou deixar seus joelhos tremendo."

(Enquanto tirava as calças dele.)

| CAPÍTULO 23 |

O que os homens realmente querem na cama?

COMO ENCONTRAR O EQUILÍBRIO PERFEITO ENTRE O PREVISÍVEL E O PERIGOSO.

Perguntamos aos homens:
O que vocês gostariam de experimentar
no sexo com sua mulher ou namorada?
(Os participantes podiam escolher mais de uma opção.)

Objetos eróticos 79%
Assistir a filmes eróticos 78%
Transar em público 77%
Filmar a relação sexual 69%
Bondage *leve* 67%
Fantasias 67%
Raspar pêlos 66%
Ménage à trois 55%
Troca de casais 24%

ÀS VEZES, UM HOMEM PODE PREVER seu futuro sexual como se estivesse assistindo ao quadro sobre a previsão do tempo: temos uma boa noção de quando teremos um dia sexualmente ensolarado e quando todas as lojas estarão fechadas por causa de uma tempestade. Outras vezes, não fazemos idéia do que vem pela frente: talvez o encontro seja cancelado por conta da chuva ou pode ser que o aguaceiro nos traga algo inesperado.

As duas coisas – as previsíveis e as imprevisíveis – atendem nossos propósitos. O sexo previsível serve, de certa forma, para aliviar o estresse – e para nos confortar – por nos fazer ter certeza de que nem toda relação sexual precisa ser precedida de um esforço tremendo de caça e sedução até se consumar. (De certa forma, saber que não vamos conseguir transar faz a mesma coisa, pois isso significa que poderemos dormir a noite toda.)

Curtis, 33 anos, professor de Ciências, diz que ele e a esposa caíram na rotina de transar sempre nas noites de sexta-feira e nas manhãs de domingo. "Algumas pessoas talvez não gostem dessa idéia porque o sexo pode ficar parecendo um compromisso com hora marcada. Mas eu não encaro dessa maneira. Quando acordo na sexta-feira sabendo o que vai rolar à noite, é como uma preliminar cerebral, mesmo que ninguém tenha mencionado o assunto. É uma expectativa que vai crescendo – passo parte do dia pensando no que acontecerá mais tarde."

Por outro lado, o sexo imprevisível é o que nos excita – e é um dos fatores que nos fazem apreciar nosso relacionamento com as mulheres. Levando em conta que 21% dos homens dizem que a coisa que gostariam de mudar em sua vida sexual é "experimentar mais" e "ter mais variedade", fica claro que valorizamos atitudes inesperadas por parte das nossas companheiras – como a de pendurar uma calcinha na maçaneta. ("Minha melhor transa foi uma surpresa matinal. Ela me acordou e começamos na mesma hora", diz Jay, 32 anos. Paul, 34 anos, completa: "Comigo aconteceu no nosso primeiro aniversário de casamento. Ela entrou no boxe quando eu estava tomando banho. Acho que foi o fator surpresa que tornou a experiência tão incrível.")

O QUE DIZER, O QUE NÃO DIZER

Diga: Talvez devêssemos experimentar esse lubrificante com sabor de framboesa que comprei hoje. Sei exatamente onde passá-lo para um teste.

Nunca diga: Nossa vida sexual é muito chata, temos que fazer coisas novas.
Por quê? Não adianta apenas pedir novidades, você também precisa fazer sua parte.

Diga: Hoje preciso dormir, mas amanhã vou arrancar suas roupas com os dentes.
Nunca diga: Não estou com vontade.
Por quê? Lidar com a rejeição é sempre difícil – mesmo após anos de casamento.

Diga: Seu pênis é imenso.
Nunca: (Silêncio.)
Por quê? Você o ama.

Geoff, 37 anos, instrutor de golfe de Nevada, diz que a transa mais fantástica que ele teve com a esposa foi num estacionamento de um estádio de futebol. "Tínhamos ido assistir a um jogo e estávamos sentados nos últimos bancos de uma van", ele diz. "Chegamos duas horas antes do início da partida e ela sugeriu que fôssemos 'ali atrás'. Fiquei perplexo. Ela tirou minha calça, fez sexo oral em mim e depois ficou por cima. Inacreditável."

Stephen, 25 anos, representante de vendas de software, não teve tanta sorte quando ele e a esposa tentaram fazer algo novo. "Estávamos visitando meus sogros. Foi num domingo à tarde durante a transmissão de um clássico do futebol. Os pais dela tinham ido assistir à partida na casa do vizinho, que estava dando uma verdadeira festa. Minha esposa e eu começamos a nos beijar e as coisas foram esquentando. Meu sogro decidiu voltar para casa para pendurar as roupas que estavam na máquina de lavar. Quem faz isso durante um jogo como aquele? Ele me pegou transando com a filha dele, na casa dele, no escritório dele."

Atualmente Stephen acha que foi uma experiência engraçada, mas diz que teria sido melhor se eles tivessem conseguido terminar. ("Ou se meu time tivesse ganhado o jogo", diz.) No entanto, o ponto importante é que, de vez em quando, precisamos tentar em momentos diferentes, em outras posições e em lugares novos. Sem incluir, é claro, o escritório do sogro.

Nathan, 33 anos, especialista em computadores, define bem a situação: "Os homens não querem necessariamente um sexo mais selvagem nem mais picante. Só desejamos nos sentir mais atraídos pela parceira. Não nos cansamos dela, mas talvez da sua aparência. Experimentem coisas novas – um corte de cabelo ou uma maquiagem que nunca tenham usado. Se vocês procurarem mudar, mesmo que seja pouco, perceberão que ficaremos mais interessados. É como a idéia de 'enriquecer o ambiente' para os animais que estão em jaulas no zoológico. Isso significa fazer coisas diferentes para mantê-los estimulados."

O que significa quando:

Ele está com um olho em você e o outro na TV enquanto você fala alguma coisa.

Ele sabe que isso é uma indelicadeza, mas acha que será ainda pior se disser "Agora não, querida. Os últimos minutos do jogo são mais importantes do que o que você tem a dizer. Então, por favor, segure por mais alguns minutos".

Ele diz que não quer ganhar nada de aniversário.

Qualquer presente relacionado a esportes e música será muitíssimo apreciado, assim como um equipamento eletrônico.

Ele responde "três ou quatro" quando você pergunta quantas cervejas ele tomou.

Seis ou sete, além de duas doses de outra bebida.

Como excitá-lo sem exagerar na dose?

Já fiz sexo com meu novo namorado algumas vezes e quero fazer com que o clima esquente um pouco, mas sem que ele pense que tenho muita experiência. Qual é o melhor momento para acrescentar alguns passos mais avançados a essa dança? E como fazer isso sem parecer a rainha do couro e das algemas?

O importante é pensar na diferença entre um sussurro e um grito. Ainda que alguns homens estejam interessados em algo como "Conheço uma posição para fazer sexo com a esteira ligada", a maioria de nós prefere mudanças mais sutis. Julie, 28 anos, lembra-se da ocasião em que seu namorado foi padrinho de um casamento. "Pouco antes de ele se encaminhar para o altar, sussurrei que queria uma rapidinha com ele atrás da igreja e que estava sem calcinha (para não marcar meu tubinho preto). Ele teve que ficar lá durante a cerimônia, mas não parou de olhar na minha direção. Na recepção, mal conseguiu tirar as mãos de mim. Foram horas de tortura até que eu pudesse cumprir minha promessa de sedução. Isso fez com que tivéssemos uma noite incrível", conta ela. Foi uma maneira perfeita de aumentar a excitação, antecipando o que iria ocorrer – o lado previsível (ele sabia que iria fazer sexo) e o aspecto imprevisível (o modo como descobriu isso).

Dúvida feminina

Ele fica lindo num bom terno, e é óbvio que se sente bem vestido assim. Então por que não usa esse tipo de roupa com mais freqüência?

Pelo mesmo motivo que você não gosta de meias-calças. Usamos ternos, mas preferimos andar de chinelo, bermuda cargo e camiseta.

Por que, às vezes, os homens acham que têm direito a fazer sexo?

Meu marido e eu ficamos bêbados numa festa de casamento – ele um pouco mais do que eu. Quando voltamos para o quarto do hotel, ele tirou a roupa e se jogou na cama, como se tivesse certeza de que iríamos transar. Isso me irritou – só porque estávamos num hotel e tínhamos saído de uma festa, ele achava que iríamos fazer sexo automaticamente. Nada aconteceu naquela noite e percebi que ele ficou decepcionado, como se tivesse o direito de sentir raiva porque não transamos. E isso me deixou ainda mais aborrecida. Por que ele pensa assim?

Quando sóbrio, ele sabe que nunca deve esperar fazer sexo. Mas, no estado de embriaguez, ele estava usando a lógica de Pavlov. Hotel? Sim. Casamento? Sim. Bêbados e excitados? Sim. Com todas as variáveis apontando na mesma direção, ele concluiu que só existia um fim possível – dois corpos nus transformando o quarto 423 numa pista de dança. "Certa noite, minha namorada e eu bebemos duas garrafas de vinho", diz Tom, 30 anos, farmacêutico de Massachusetts. "Ela ficou muito mais desinibida. Falou coisas picantes, se mexeu mais, estava mais empolgada. Foi bom porque ninguém se segurou, valia tudo. Estávamos inteiramente dispostos a fazer qualquer coisa para proporcionar um ao outro uma transa inacreditável." Faz sentido, portanto, quando o álcool estiver na parada, que você avise seu marido de que nada vai acontecer mais tarde.

Mistério masculino

61%

dos homens dizem achar que suas parceiras não são suficientemente ousadas na cama.

Ele disse:

Qual é seu grau de satisfação com o desempenho sexual da sua parceira?

Extremamente satisfeito	16%
Muito satisfeito	26%
Satisfeito	26%
Mais ou menos satisfeito	23%
Nem um pouco satisfeito	9%

O que os homens realmente desejam na cama?

Sei que os homens ficam felizes em fazer sexo, seja do jeito que for – pelo menos é o que eles dizem. Mas, se fôssemos classificar o que eles mais querem na cama, o que viria em primeiro lugar? O que de fato os satisfaz?

Isso depende inteiramente do cara. Há os que gostam de sexo com pessoas desconhecidas. ("Minha melhor transa aconteceu quando eu estava trabalhando no Club Med e conheci uma garota que fez sexo oral em mim enquanto eu estava deitado nu na praia ao nascer do sol. Quase cantei o Hino Nacional", diz Rich, 26 anos.) Alguns homens querem algo mais profundo. ("Minha melhor experiência foi quando minha namorada e eu nem precisamos falar nada. Estávamos tão ligados que as coisas fluíram de modo natural. Quando tudo terminou, estávamos esgotados", diz Andrew, 38 anos.) Mas o melhor sexo é uma combinação de completa entrega física e um profundo vínculo emocional. Sessenta e dois por cento dos homens dizem que a experiência sexual é melhor quando eles estão envolvidos de maneira física e emocional. William, 32 anos, construtor, dá uma boa definição: "Minha melhor transa foi uma coisa louca que durou a noite inteira. Metade foi sexo selvagem, metade puramente emocional. Nós nos entregamos um ao outro."

Dominando o universo masculino: o que você já aprendeu sobre os homens

- A mulher não deve achar que a rotina sexual é sempre chata. Pelo menos, para nós não é. Em geral, gostamos de saber exatamente quando será a próxima vez.
- Para um homem, poucas coisas são melhores do que ser surpreendido com uma festa sexual.

- A paixão física é um elemento imprescindível da ligação emocional. Precisamos de ambas para nos sentirmos saciados.

DIGA ISTO HOJE!

A coisa mais sexy que já disseram a Noah, 23 anos:

"Vou me divertir com seu corpo até o amanhecer."

A coisa mais sexy que Natalie, 29 anos, disse a um homem:

"Pare o carro. Preciso que você transe comigo agora."

O que eles nunca diriam para a mulher ou namorada sobre o comportamento dela na cama?

- "Ela precisa dar mais do que recebe."
- "Ela deveria tomar a iniciativa de vez em quando."
- "Ela não se solta. É fácil perceber que me casei com uma mulher travada. Nunca faz muita coisa, não importa se está por cima ou por baixo de mim."
- "Ela poderia ser mais ativa. Vem me pegar, amor!"
- "Ela não é ousada porque pensa que, se alguém fizer algo que já fez antes com outra pessoa, é porque está pensando nessa pessoa."
- "Fazemos as mesmas coisas com muita freqüência. Jamais falaria nada com ela porque, mesmo que isso seja verdade, o sexo continua sendo muito bom."
- "Nunca diria que ela não me excita como a minha ex-namorada. Quero continuar com meus testículos."
- "Tenha mais confiança na sua aparência."
- "Quando ela está por cima, parece um robô."

- "Faça mais barulho."
- "Gosto de fazer coisas diferentes, mas não quero que ela pense que sou estranho."
- "Ela deveria se mexer mais."
- "Ela não participa tanto quanto eu gostaria."

| CAPÍTULO 24 |

O que faz com que um homem deseje se casar?

COMO DESPERTAR O ROMANTISMO QUE HÁ DENTRO DELE E CONSTRUIR SUA FANTASIA DE "JUNTOS PARA SEMPRE".

Perguntamos aos solteiros:

Você se vê casado com a mulher que está namorando atualmente?

Sim	41%
Não	14%
Não tenho certeza	45%

VOCÊS PODEM PENSAR QUE OS HOMENS têm tanta necessidade de se casar quanto um careca tem de comprar produtos para cabelo. Ou, se os homens tivessem que escolher uma música para entrar na igreja, seria *Another One Bites the Dust* (Mais um foi abatido), do Queen. Ou que consideramos uma vida de comprometimento e fidelidade um filme de terror: primeiro vemos a aliança, depois morremos.

Tenho um segredo para contar: os homens adoram a idéia de casamento.

É verdade, talvez não demos importância a coisas como o bolo ter duas ou três camadas, a cor do papel do convite ser salmão ou gelo ou as madrinhas usarem o cabelo solto ou preso (na verdade, preferimos solto). Também não compramos revistas de noivas, não nos preocupamos com o comprimento da cauda do vestido e ignoramos o interesse relacionado à escolha da dama de honra.

Mas quer saber de uma coisa? Adoramos casamentos – e não só porque eles são boas festas para entrarmos como penetras. Na realidade, o casamento será muito melhor se for o nosso.

- **"O melhor dia da minha vida: o dia em que meus filhos nasceram. O segundo melhor: o dia do meu casamento. Nunca me diverti tanto (e não bebi muito). Foi incrível ver grande parte dos meus amigos e da minha família reunida"**, diz Brian, 28 anos.
- **"Há poucos momentos em que você se torna o centro das atenções da mesma forma que no seu casamento. É verdade que fiquei cansado de responder à pergunta sobre a lua-de-mel várias vezes. Mas, sem querer parecer uma mulher, foi ótimo sentir que todo mundo estava sorrindo para mim"**, diz Blake, 34 anos.
- **"Enquanto planejávamos a cerimônia, uma amiga minha me disse que o casamento é como um espetáculo – as pessoas vão para os lugares marcados e fazem a sua parte num palco para que toda a platéia possa ver. Ela estava certa. Foi como um grande concerto em que ficamos animados o tempo todo porque a energia é contagiante"**, diz Todd, 27 anos.
- **"A banda estava ótima e eu nunca tinha dançado tanto na vida. O que vou dizer pode parecer estranho, pois amo minha esposa, mas foi como se a noite inteira as mulheres bonitas estivessem liberadas para se aproximar de mim e me tirar para dançar. Nada com intenções sexuais nem malícia. Mesmo assim, nossa!"**, diz Ed, 32 anos.

O QUE DIZER, O QUE NÃO DIZER

Diga: Você me faz tão feliz!

Nunca diga: Todas as minhas amigas estão ficando noivas.

Por quê? É uma péssima idéia se casar só porque outras pessoas estão fazendo isso.

Diga: Amo você, quero ter um filho seu.

Nunca diga: Quero ter um filho.

Por quê? Ele quer sentir que é algo entre vocês dois, e não entre você e um filho.

No entanto, assim como ocorre no sexo, vocês podem estar mais interessadas nas preliminares do casamento, enquanto nós estamos concentrados na parte em que colocamos... a aliança no seu dedo. Esse é o motivo pelo qual o período de planejamento gera tantos conflitos. "Minha noiva e eu tivemos uma briga séria por causa do casamento", diz Kel, 30 anos, fisioterapeuta do Arizona. "A família dela estava fazendo pressão para uma cerimônia formal e uma recepção tradicional. Minha família, porém, queria algo mais simples, e alguém deve ter sugerido um luau, o que deixou minha noiva enlouquecida. O problema estava tomando uma proporção muito grande, mas eu gostava das duas opções. Resolvi então que nada relacionado ao planejamento do casamento estragaria o grande dia. Disse à minha família que, diante de um impasse, a decisão da noiva prevaleceria."

Talvez essa seja justamente a causa do problema. Só porque concordamos com todas as decisões das mulheres em relação à cerimônia e à recepção, isso não significa que encaramos nosso casamento como mais uma noite de sábado.

Por que ele não se importa com nosso casamento?

Quando uma das minhas amigas se casou, o noivo dela participou de tudo. Ajudou a escolher as flores, o bolo, etc. Ele parecia animado de verdade. Meu noivo é exatamente o oposto. Não importa o que eu pergunte, ele responde apenas "Tanto faz" ou "Como você quiser". Tudo o que desejo é que ele tenha uma opinião, que mostre um pouco de interesse. Vai ser um dos dias mais importantes da nossa vida e ele age como se estivéssemos planejando uma ida ao supermercado. Ele não tem mesmo nenhum interesse nesse tipo de detalhe?

Ele pode não ter uma opinião sobre a letra do convite nem sobre as flores, porém não pense que essa indiferença com os detalhes é um desinteresse pelo casamento. "Quando fiquei noivo, parei de querer tomar as decisões. Minha filosofia era que aquele não seria o meu dia, seria o dia dela. Portanto, se cobertura de framboesa era o que a deixaria feliz, quem era eu para questionar aquilo?", diz Daunte, 32 anos. "Acho que ela esperava contar mais com minha participação nos compromissos que envolviam os preparativos, mas eu via a situação como se minha noiva fosse um caminhão e eu, um animal na pista – precisava sair da frente o mais rápido possível." Há um conflito nessa questão: o homem não quer ser tratado como um ornamento do casal perfeito, aquele que se reúne com os organizadores e fornecedores, escuta tudo, mas não pode fazer nenhum comentário. Não peça ao seu noivo que compareça apenas para fazer figuração. Se ele vai passar o tempo todo ouvindo a respeito de diferentes opções, você tem que estar aberta às opiniões dele.

Mistério masculino

82%

dos homens dizem acreditar que ficarão com as esposas até que a morte os separe. (*MH*)

Será que devo me preocupar com a despedida de solteiro?

Conheço o melhor amigo do meu noivo e sei que tipo de homem ele é. Tenho certeza de que a despedida de solteiro vai ser uma loucura. Não estou preocupada com meu noivo, acredito que ele não vai fazer nada. Bem, talvez eu esteja preocupada. É que não gosto da idéia de juntar muita bebida e mulheres praticamente nuas. Devo ficar grilada? E qual é o grande lance dessa última noite de aventura?

Você deveria se preocupar se estivesse se casando com o maluco do amigo dele. No entanto, se você confia no seu noivo, leve fé também no modo como ele irá se comportar. O grande lance de uma despedida de solteiro não é a diversão com mulheres e bebida (ainda que ele talvez não reclame disso). Essa comemoração não é feita com a intenção de deixá-la grilada nem com ciúme. O ponto fundamental é que seu noivo será a estrela da festa por algumas horas, só isso. Sabe toda a atenção que você recebeu durante os 12 ou 24 meses, ou seja lá quanto foi, do seu noivado? Ele terá a mesma coisa, mas apenas por algumas horas, e não ao longo de meses.

O que significa quando:

Ele diz "qualquer uma" quando você pergunta qual é a posição sexual favorita dele.
Comecem a trocar beijos em pé. Depois de alguns apertos e mais beijos, tirem as roupas um do outro e passem para a cama, alternando sexo oral um no outro. Em seguida, ele fica em cima de você e depois vocês trocam de posição diversas vezes (papai-e-mamãe, depois de quatro...). A transa termina com você por cima para que ele possa ver todo o seu corpo e tocar nele e também para que suas mãos e lábios possam abusar dele. Não que ele pense muito sobre isso.

Ele coloca você em cima dele.
Ele passou toda a vida com o controle na mão – escolhendo a velocidade e a abrangência dos movimentos dentro do jogo. Existe algo especialmente excitante em passar o comando para você e deixá-la apertar os botões, mexer nos controles e levar o jogo para onde quiser.

Ele diz "não" quando você pergunta se filmes eróticos o excitam.
A pequena coleção dele (usada em caso de emergência) está na última prateleira do armário do quarto, na parte de trás, numa caixa embaixo de uma pasta com contas antigas.

Devo escolher o anel de noivado com ele?

Algumas das minhas amigas saíram com os namorados para comprar o anel de noivado. Embora eu não ache isso romântico, não quero que ele compre um anel que não tenha a minha cara. Não tenho certeza se ele quer ajuda ou se prefere fazer isso sozinho. Qual é a melhor maneira de dar uma força a ele sem estragar o que deve ser um dos momentos mais maravilhosos da minha vida?

Existe uma velha estratégia que as garotas usam para manipular seus pretendentes: conte para sua melhor amiga o que você quer e peça-lhe que encontre um modo de trazer o assunto à tona numa conversa com seu namorado. Os homens não querem necessariamente tomar as decisões. O que eles desejam é ter a *ilusão* de que estão fazendo isso. Determinar com toda a clareza uma coisa como essa acabará com a ilusão. No entanto, interferir na decisão de modo inteligente, por baixo dos panos, será uma ajuda bem-vinda. "Minha namorada me mostrou o tipo de anel que ela preferia, e isso aliviou a pressão que eu estava sentindo. Deus sabe que eu não queria errar numa escolha como essa. Pensando bem, talvez tivesse sido melhor se fosse uma surpresa para ela", diz Jackson, 38 anos. Seu futuro noivo só tem uma chance de criar a história que você contará para as amigas, a família, os filhos e todas as outras pessoas. É preciso criar a oportunidade para que as coisas dêem certo – para vocês dois.

Dúvida feminina

Não sou contra filmes eróticos, mas me incomoda que ele minta sobre isso. Por que ele não me inclui na diversão?
Por três motivos. Em primeiro lugar, ele considera extremamente indelicado olhar para outras garotas nuas enquanto você beija o peito dele. Em segundo lugar, não acha que há a menor possibilidade de você ficar excitada vendo mulheres com seios gigantes cheios de silicone gritando como hienas. Por fim, gostaria de manter para si mesmo uma parte das fantasias sexuais que ele tem.

Dominando o universo masculino: o que você já aprendeu sobre os homens

- Se as mulheres querem nossa participação ativa no planejamento do casamento, não pode haver um script determinando como as coisas vão ser antes mesmo de começarmos a falar sobre o assunto.
- Os homens querem tomar o menor número possível de decisões. Tentem aceitar isso, está bem?
- Desejamos – e esperamos – que o casamento só aconteça uma vez. Então vamos fazer do jeito certo. (E usar a mesma filosofia durante a lua-de-mel.)

DIGA ISTO HOJE!

A coisa mais sexy que já disseram a Randy, 35 anos:

Ich will mit du schlafen.

("Quero dormir com você", em alemão.)

A coisa mais sexy que Diana, 26 anos, disse a um homem:

"Esta camisa ficaria muito bem no chão do meu quarto."

| CAPÍTULO 25 |

O que os homens esperam do amor?

A VERDADE SOBRE O QUE MANTÉM OS HOMENS APAIXONADOS POR DÉCADAS – E A FÓRMULA SIMPLES DE QUE VOCÊ PRECISA PARA GARANTIR A FELICIDADE POR MUITO TEMPO.

Perguntamos aos homens:

Com que freqüência você gostaria de fazer sexo
e com que freqüência você está fazendo sexo?

Respostas à primeira pergunta:

Duas vezes por mês ou menos	6%
Uma vez por semana	8%
Duas vezes por semana	22%
Três vezes por semana	27%
Mais do que três vezes por semana	37%

Respostas à segunda pergunta:

Duas vezes por mês ou menos	58%
Uma vez por semana	15%
Duas vezes por semana	12%
Três vezes por semana	6%
Mais do que três vezes por semana	9%

TODA NOITE, QUANDO ROB, 34 ANOS, analista de empréstimos da Pensilvânia, chega do trabalho, ele faz a mesma coisa: troca de roupa, se senta, come, vê televisão e vai para o computador. Certa vez, a mulher dele, Naomi, quis experimentar algo diferente. Ela conta: "Estávamos assistindo à televisão. Eu me levantei para ir ao banheiro e voltei nua para o sofá. Obviamente, agradei porque não vimos mais TV pelo resto da noite."

Rob recebeu o que todo homem quer num relacionamento longo: uma surpresa. E o fato de ser uma surpresa sexual fez do acontecimento algo ainda mais especial.

Da mesma forma que desejamos que nossas atividades no quarto apresentem uma proporção adequada de previsibilidade e surpresas, também gostaríamos de ter a mesma coisa em nossa vida. Queremos a estabilidade de uma mulher que seja forte e previsível, boa mãe, apaixonada pelas coisas que faz, inteligente e uma influência equilibrada sobre nós – e sobre nossos futuros filhos. "Todo mundo diz que o fator mais prejudicial para um relacionamento é repetir as mesmas coisas", diz Bryan, 30 anos, que está casado há seis. "Quer saber sobre as nossas rotinas? Às sextas-feiras assistimos a um filme comendo pizza e tomando vinho. Aos sábados, normalmente fazemos uma trilha ou escalamos durante metade do dia e depois tomamos o café da amanhã bem tarde num restaurante local. Nas manhãs de domingo, dormimos até ficarmos satisfeitos, se podemos dizer que isso é dormir. Chame isso de rotina se quiser, mas acho que funciona muito bem."

Mistério masculino

80%

dos homens dizem acreditar que o amor não tem data de validade.

Por que a rotina é tão importante? Porque uma mulher que não cultiva a previsibilidade é também livre de responsabilidades – e esse não é o tipo de companheira com quem queremos nos comprometer. Preferimos nos ligar a uma mulher que pague as contas em dia, que seja dedicada à carreira e à família e que seja estável o suficiente para nos dar estabilidade. Adicionando uma pitada de atrevimento e a habilidade de tomar decisões extravagantes (ainda que bem pensadas), teremos encontrado a mulher que entende o yin e o yang do que é necessário para satisfazer um homem. Totalmente.

O QUE DIZER, O QUE NÃO DIZER

Diga: Você tem 45 anos e quer formar uma banda de rock? Que legal!

Nunca diga: Você tem 45 anos e quer formar uma banda de rock? Que ridículo!

Por quê? Bandas de rock são divertidas – e a vida deveria ser divertida, independentemente da idade.

Como saber o que é ousado demais para ele?

Estamos saindo há mais de um ano e eu sempre tento manter as coisas apimentadas. Moro em Nova York e, numa noite, me despi no escritório, coloquei um sobretudo e fui assim de metrô até à casa do meu namorado. Cheguei lá com um sorriso e uma surpresa. Mais tarde, ele começou a falar comigo como se estivesse me repreendendo, dizendo que aquilo era perigoso, que eu não deveria ter feito algo assim. E continuou como se fosse meu pai. Estou errada em ficar irritada por ele não ter dado valor a algo que fiz especialmente para lhe agradar?

Certamente, os homens gostam de correr riscos ("Conseguimos transar num lago na Jamaica durante o dia, na frente de centenas de pessoas sem sermos flagrados", diz Braden, 23 anos.) Mas, à medida que o relacionamento avança, vão surgindo riscos aceitáveis e riscos excessivos. Ele está pensando o seguinte: *E se você tivesse sido pega no caminho? E se um mané tivesse tentado apalpá-la? E se você passasse próximo a uma saída de ventilação?* Não se preocupe – seu namorado gostou da surpresa, apesar do risco que você correu. Acho que ele teve a reação certa. Mostra que está tão interessado em protegê-la quanto em se divertir com você.

O que significa quando:

Ele não dá a senha dele para você.
Esse pode ser seu teste de confiança. Mas, ainda que ele não esteja mandando e-mails para ex-namoradas, fará o possível para manter a senha em segredo. Para ele, isso é um símbolo do seu espaço pessoal. Se você o pressionar, ele se sentirá sufocado. Além disso, encontrará uma maneira de escapar do seu controle.

Ele diz que não consegue viver sem você.
Ele tem ouvido muito o Queen.

Ele dá um ataque quando você termina o namoro com ele.
Ele ligará para você em algumas semanas, implorando pelo seu perdão, após passar muitas horas ouvindo o Queen.

Como impedir que o relacionamento caia na rotina?

Já tive dois relacionamentos bastante longos. Um deles durou cerca de um ano e o outro, três anos. Os dois caíram na rotina, como parece acontecer com todas as relações. Tenho curiosidade em saber o que os homens pensam da rotina e o que eles acham que as mulheres deveriam fazer. Estou namorando novamente há oito meses e não quero que esse cara se sinta entediado comigo nem com a nossa rotina.

Existem rotinas que são boas (sexo pela manhã é uma delas – ninguém reclama disso). Uma coisa se torna maçante quando nos deixa com a sensação de vazio. "Às vezes, minha namorada se mostra interessada e empolgada e fica me provocando a noite toda. Mas, quando vamos para a cama e ela tira a roupa, fica lá parada na posição de sempre. Estou me cansando disso", diz Pat, 32 anos. A única maneira de proteger seu relacionamento da monotonia é garantir que uma pequena parte do seu namorado nunca saiba quando será a próxima vez que você começará alguma coisa com segundas intenções, a próxima vez que aparecerá nua na sala nem a próxima vez que beliscará o bumbum dele. Mantenha-o em estado de alerta permanente e ele sempre vai querer estar com você.

Dúvida feminina

Por que ele tem uma citação de filme para todas as situações?
Ele não sabe se você está pronta para encarar a verdade, então parece que o que ocorre nesses casos é uma dificuldade de se comunicar. A verdade é que ele não dá a mínima se você não gosta dessas citações. Por quê? Porque usando essas referências ele pode demonstrar qualquer emoção a qualquer hora sem ter que pensar muito!

Qual é a fórmula para o que os homens querem em relacionamentos duradouros?

Existe um mantra que eu deva ter em mente?

Que tal isso: amem-nos como se nos conhecêssemos há muitos anos; surpreendam-nos como se nos conhecêssemos há apenas alguns dias.

Dominando o universo masculino: o que você já aprendeu sobre os homens

- A rotina não atrapalha os relacionamentos. As rotinas chatas é que são o problema.
- Vocês, inesperadamente, desfilarem nuas na nossa frente: não tem preço.

- À medida que o relacionamento progride, o ideal é manter três partes de estabilidade para uma de ousadia. A estabilidade proporciona a base de que precisamos para viver o dia-a-dia, enquanto a ousadia é o que nos permite fazer isso de maneira divertida.

DIGA ISTO HOJE!

A coisa mais sexy que já disseram a Drew, 26 anos:

"Você nunca vai se esquecer desta noite."

A coisa mais sexy que Júlia, 33 anos, disse a um homem:

"Eu poderia devorar você como um pedaço de bolo de chocolate. Lamber você inteiro, de um lado ao outro."

| AGRADECIMENTOS |

Meu mais profundo agradecimento às extraordinárias, talentosas, esforçadas e dedicadas pessoas que me apoiaram e incentivaram. Especialmente:

Steve Murphy, que, por sua coragem e comprometimento com a qualidade editorial, fez da Rodale Inc. a melhor editora do mundo para se trabalhar.

A família Rodale, sem a qual este projeto não teria sido possível.

Ben Roter, a pessoa que eu quero ser quando crescer.

Ted e Liz Spiker, o melhor co-autor do mundo e sua sempre paciente esposa.

Stephen Perrine, o mais sábio *consigliere* que qualquer "poderoso chefão" poderia ter. Obrigado por me ajudar a viver da melhor maneira possível.

Paige Nelson, o mais admirável de todos os Nelsons que já conheci.

Nicole Beland, cuja inteligência e insight foram tão essenciais à estrutura deste livro quanto foram úteis a milhões de leitores da *Men's Health*.

Fotoulla Euripidou e Emily McKeen, que elaboraram a pesquisa exclusiva que arrancou de milhares de homens e mulheres as mais íntimas declarações.

Joe Heroun, um artista visual que tem tanto respeito pelas palavras quanto pelas imagens.

Toda a equipe editorial da *Men's Health*, o mais sagaz e dedicado grupo de escritores, editores, pesquisadores, designers e diretores de fotografia do mercado.

Liz Perl, Leigh Haber, Katrina Weidknecht, Kelly Schmidt, Sara Cox, Jennifer Giandomenico, Jackie Dornblaster e todos que trabalharam com tanto afinco e com tanta rapidez para que este livro pudesse ser publicado.

Meu irmão, Eric, cuja linda família é uma inspiração para mim.

Minha mãe, Janice, que nos criou praticamente sozinha. Sua força e bondade guiam cada um dos meus atos.

Meu pai, Bohdan, que partiu tão cedo deste mundo. Gostaria muito que você ainda estivesse aqui.

Meu tio, Denny Stanz, a imagem da jovialidade.

Minha madrasta, Mickey, que também é a imagem da jovialidade.

E agradecimentos especiais a Dan Abrams, Jeff Anthony, Jeff Beacher, Matt Bean, Mary Ann Bekkedahl, Mark Bricklin, Michael Bruno, Marianne Butler, Adam Campbell, Monika Chiang, Jeff Csatari, Jack Essig, Jessica Guff, John Hammond e Karen Mazzotta, Erin Hobday, Samantha Irwin, George Karabotsos, Elaine Kaufman, Cindi Leive, Charlene Lutz, Mandy e Raina, Vincent Maggio, Matt Marion, Sandra Matthiessen, Paul McGinley, Peter Moore, Jeff Morgan, Sarah Peters, John Phelan,

Bill Philips, Richard e Sessa, Scott Quill, Amy Rosenblum, Eric Sacks, David Schipper, Robin Shallow, Larry Shire, Joyce Shirer, Rachel Sklar, Bill Stanton, Bill Stump, John Tayman, Pat e Steve Toomey, Marc Victor e Kate White. Obrigado pela preciosa orientação e assistência.

CONHEÇA OUTRO TÍTULO DOS AUTORES

A DIETA DO ABDÔMEN

Músculos abdominais fortes e definidos são um dos melhores indicadores de saúde. O desenvolvimento da musculatura abdominal vai ajudar você a viver mais, a dormir melhor, a prevenir dores nas costas e até a melhorar sua vida sexual.

Para obter todos esses benefícios, não é necessário passar anos fazendo uma dieta de fome e seguindo exaustivos programas de exercícios.

Você pode alcançá-los em apenas seis semanas com a *Dieta do Abdômen*, um programa que vem ajudando milhares de homens e mulheres a perder peso, a esculpir a musculatura abdominal e a se tornar mais saudáveis do que jamais imaginaram.

David Zinczenko, editor-chefe da *Men's Health*, uma das mais importantes revistas de saúde e fitness do mundo, mostra que esses benefícios estão ao seu alcance com base nas mais recentes pesquisas nas áreas de saúde, nutrição e exercícios.

CONHEÇA OUTROS TÍTULOS DA EDITORA SEXTANTE

POR QUE OS HOMENS FAZEM SEXO E AS MULHERES FAZEM AMOR?

Allan e Barbara Pease

Homens e mulheres são e reagem de forma diferente, o que torna seu convívio difícil, muitas vezes áspero e gerador de ressentimentos. Mas quais são as razões dessas diferenças e até que ponto elas podem ser superadas? Como aprender a lidar com elas e administrá-las para sermos felizes em nossos relacionamentos com o outro sexo?

Barbara e Allan Pease percorreram vários países e consultaram dezenas de cientistas para preparar esse livro sobre as diferenças entre os modos de pensar e agir de homens e mulheres.

Por que os homens fazem sexo e as mulheres fazem amor? oferece um instrumento importante para, ao verificar e compreender as diferenças, estabelecer uma relação harmoniosa entre homens e mulheres, seja no casamento, na vida profissional, na forma de educar os filhos ou em qualquer campo do relacionamento humano.

POR QUE OS HOMENS MENTEM E AS MULHERES CHORAM?

Allan e Barbara Pease

Por que os homens mentem? Por que eles acham que têm de estar sempre com a razão? Por que evitam se comprometer? E as mulheres, por que choram para conseguir o que querem? Por que insistem num assunto até a morte?

Com base em pesquisas e estudos científicos, os autores explicam o comportamento sempre imprevisível do "outro sexo".

De forma clara e bem-humorada, eles respondem às nossas principais dúvidas e apresentam soluções práticas para tornar a convivência entre homens e mulheres mais prazerosa.

HOMENS GOSTAM DE MULHERES QUE GOSTAM DE SI MESMAS

Steven Carter e Julia Sokol

O que será que os homens procuram nas mulheres? Será que eles se sentem atraídos por aquelas que têm carreiras brilhantes? Ou estão mais interessados em sua beleza e habilidades culinárias? Na verdade, não é nada disso.

Os homens estão à procura de mulheres confiantes, que gostam delas mesmas e sabem expressar seus desejos.

Steven Carter e Julia Sokol apresentam nesse livro conselhos que vão ajudá-la a construir uma relação equilibrada e enriquecedora, respeitando sua individualidade e a de seu parceiro.

O QUE TODA MULHER INTELIGENTE DEVE SABER

Steven Carter e Julia Sokol

As mulheres inteligentes sabem que existem duas maneiras de aprender a lidar com os homens – uma fácil e outra difícil. O problema é que a maioria delas escolhe a segunda forma, passando por experiências que deixam cicatrizes, mágoas, raiva e insegurança.

O objetivo de Steven Carter e Julia Sokol é justamente ensinar um caminho mais simples – e menos traumático – para alcançar essa sabedoria.

Baseados em experiências de pessoas que, como nós, já investiram em relacionamentos que não deram certo, perderam noites chorando e esperando telefonemas que nunca receberam, eles dão valiosas dicas para que você evite os mesmos erros.

Informações sobre os próximos lançamentos

Para receber informações sobre os lançamentos da EDITORA SEXTANTE, basta cadastrar-se diretamente no site www.sextante.com.br

Para saber mais sobre nossos títulos e autores, e enviar seus comentários sobre este livro, visite o nosso site www.sextante.com.br ou mande um e-mail para atendimento@esextante.com.br

EDITORA SEXTANTE
Rua Voluntários da Pátria, 45 / 1.404 – Botafogo
Rio de Janeiro – RJ – 22270-000 – Brasil
Telefone (21) 2286-9944 – Fax (21) 2286-9244
E-mail: atendimento@esextante.com.br